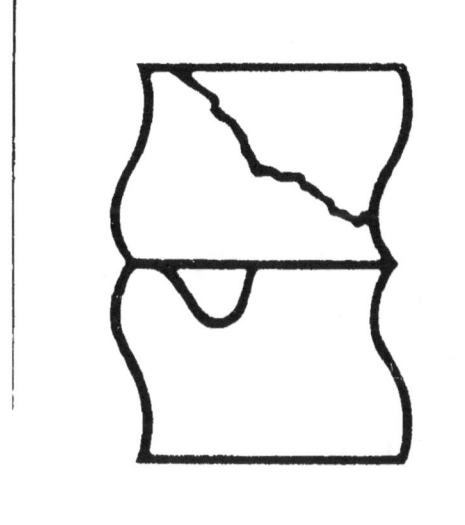
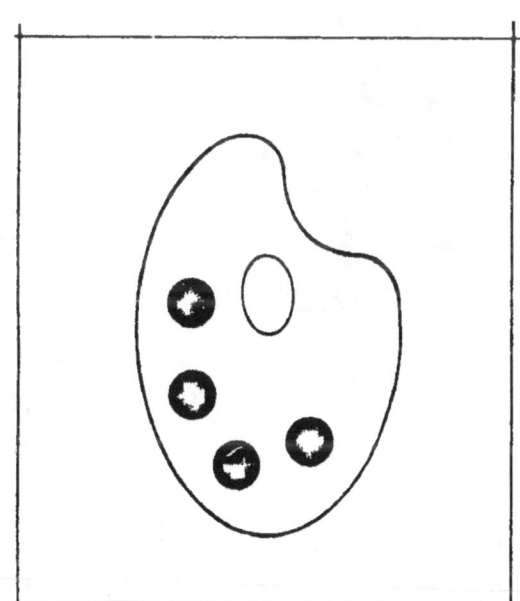

J. BARBEY D'AUREVILLY

LE
THÉATRE
CONTEMPORAIN

III

PARIS

MAISON QUANTIN

COMPAGNIE GÉNÉRALE D'IMPRESSION ET D'ÉDITION

7, rue Saint-Benoît, 7

1889

LE

THÉATRE

CONTEMPORAIN

—

Tome III

DU MÊME AUTEUR

LES ŒUVRES ET LES HOMMES :

1re Série.

Les Critiques ou les Juges jugés, 1 vol. in-8°. 7 fr. 50
Sensations d'art, 1 vol. in-8°. . . . . 7 fr. 50
Sensations d'histoire, 1 vol. in-8°. . . . . 7 fr. 50

2me Série.

Les Philosophes et les Écrivains religieux,
1 vol. in-8°. . . . . 7 fr. 50
Les Historiens, 1 vol. in-8°. . . . . 7 fr. 50

Le Théâtre contemporain, 1er et 2me vol.
in-16. Chaque volume . . . . 3 fr. 50

J. BARBEY D'AUREVILLY

LE

THÉATRE

CONTEMPORAIN

TOME III

PARIS

MAISON QUANTIN

COMPAGNIE GÉNÉRALE D'IMPRESSION ET D'ÉDITION

7, rue Saint-Benoît, 7

1889

Tous droits réservés

A GAËTANO BRAGA

J'aurais bien des motifs artistiques et littéraires pour vous dédier un de mes livres, mon bien cher ami. De qui l'enthousiasme est-il plus ardent que le vôtre devant toute manifestation d'art quelle qu'elle soit, et qui donc, ici même, éprouve de plus vraies jouissances d'esprit et d'âme dans la langue d'un pays pourtant si différent de celui où, comme vous le dites gaiement : « On plante un chou; il sort un brigand! »

Mais pour vous, mon cher Braga, vous le répétez souvent : l'amitié, c'est tout! et c'est au tendre et fidèle ami que s'adresse l'ami touché et reconnaissant, et non au grand artiste de l'École de Naples.

JULES BARBEY D'AUREVILLY

Avril 1889.

JULIE

LE POST-SCRIPTUM

7 mai 1869.

I

La *Julie* de M. Octave Feuillet, jouée mercredi dernier au Théâtre-Français, n'est point une comédie. Il n'y a pas là une situation gaie, pas un mot comique, rien qui sente sa Gaule et son observateur à large regard et à forte étreinte. Au contraire, tout y est sentimental, mélancolique et pathétique. Mais comme, pourtant, malgré tout cela, il n'est guère possible d'appeler cette petite chose du même nom que les grandes qu'on appelle de ce nom imposant de Drame qui semble obliger à de la grandeur, on s'est entendu à cet égard et on est convenu d'appeler *Julie* : un *drame intime*. Cela fait penser, il est vrai, aux *entrailles intimes* de ce pataud de Ponsard, dans *Lucrèce...* On n'a guère qu'une sorte d'entrailles, et tout drame est intime, puisque l'âme et les sentiments doivent se mêler à l'action de tout drame et y créer la vie, quel qu'en soit le sujet. La *Julie* de M. Feuillet est donc tout simplement un drame, comme les plus grands drames. Seulement, c'en est un petit.

C'est un petit drame, à petites proportions, à petite donnée, à petit langage, où tout, certes ! n'est point sans talent, mais où tout est petit, et qui, précisément en raison de toutes ces petitesses, a beaucoup plu à une société qui aime le petit plus que le grand, parce que le petit est bien plus de taille avec elle. M. Octave Feuillet est, certainement, dans ce genre du petit passablement et proprement exécuté, un des travailleurs les plus appréciés de cette société-là. Il fait très gentiment la babiole dramatique, la passion honnêtement dosée, la vertu ébréchée, mais pas trop... et qu'on peut recoller avec du lait doux, comme autrefois on recollait les porcelaines. Tel sait faire M. Octave Feuillet. — Quand un homme ne change point et qu'on est obligé de parler de lui, on a l'air de se répéter. M. Octave Feuillet, c'est toujours le *Bourgeois gentilhomme* de la littérature, qui écrit pour les salons bourgeois, dont il est l'idéal, et sa *Julie* d'aujourd'hui est aussi toujours du Feuillet, connu et jugé. Personne, d'ailleurs, ne s'attendait à autre chose. Le noisetier ne donne pas les fruits du chêne; il donne ses noisettes... Les noisettes de M. Feuillet ont, mercredi soir, été grignotées comme si, au Théâtre-Français, il n'y avait eu que des écureuils!

II

Cela a commencé par des choses qui ne sont pas neuves, mais cela a mieux fini. Jugez-en plutôt! La *Julie* est une femme du monde qui, mariée, a d'abord aimé naïvement son mari, — lequel, lui, la trompe cyniquement avec des femmes très au-dessous d'elle, — puis s'est mise à aimer non moins naïvement l'ami de son mari, Maxime de Turgis, qui n'a pu la voir sans l'aimer naïvement aussi. Ce sont là de vieilles histoires et d'antiques coutumes dans les drames, les romans, partout! Or, Julie a une fille de seize ans, et c'est cette fille de seize ans que le père veut mettre en pension, et qui n'y va pas grâce aux observations de Maxime de Turgis, ce moraliste adultère, qui reproche à son ami Maurice, comme s'il en avait le droit, de n'être pas pour sa femme ce qu'il devrait être et de la priver de sa fille par-dessus le marché. C'est cette fille de seize ans qui est tout l'instrument de la pièce, et qui doit empêcher madame sa mère de sauter la dernière barrière de l'amour. La dernière barrière de l'amour... Entendons-nous, pourtant ! J'ai cru un instant, car la pruderie nuit à la clarté, qu'il n'y avait qu'un sentiment entre Maxime de Turgis et Julie, mais il paraît que la sensation s'est jointe au sentiment, et, comme dit cet irrespectueux de Beaumarchais, que *le badinage a été consommé*... La dernière barrière de l'amour, dans la pièce de M. Feuillet, est donc plus que la dernière, c'est l'enlèvement après la chose, c'est la fuite du domicile conjugal, comme dit la loi, avec un pédantisme qui n'y ferait pas rester ! Au moment où Julie, entraînée, prend la plume pour écrire qu'elle consent à tout, un cri de « ma mère ! » s'entend dans la coulisse et la sauve d'écrire... et cela continue de n'être pas neuf. L'autre jour, en effet, dans le *Mot de la fin*, cette jolie Revue des *Variétés*, que M. Feuillet, qui manque de gaieté, ne serait pas capable d'écrire, quand cette adorable ribaude, Berthe Legrand, fait une des lutteuses de l'Arène athlétique, tout à coup, un cri d'enfant miaulant s'élève aussi dans la coulisse, et la lutte acharnée des deux mères, qui se croient deux hommes, cesse à cet appel du moutard qui a besoin de sa tétrelle. Ah ! la nature ! ah ! la nature ! Magie divine du sentiment maternel ! La fille de

Julie m'a rappelé, peut-être un peu trop, le marmot braillant du *Mot de la fin*, et, de souvenir, je me suis mis à rire, au lieu de me mettre, comme je l'aurais dû, à larmoyer. La fille de Julie, qui survient immédiatement après ce cri, n'ira point en pension, et voilà que sa mère l'interroge sur l'état de son petit cœur... et qu'elle se trouve la rivale heureuse de sa fille, laquelle n'a pas demandé permission à sa mère et aime enfantinement M. de Turgis. Cette rivalité de la mère et de la fille, — qui n'est pas neuve non plus, et dont personne, avec nos mœurs bégueules et lâches, n'a tiré le parti qu'un homme de génie pourrait en tirer (mais dans un roman), — cette rivalité, — qui se retourne contre la mère, défendant imprudemment à sa fille de penser à M. de Turgis par la raison qu'il a un engagement de cœur, et qu'elle, Julie, le sait, par la raison qu'il n'est plus libre, — cette rivalité cependant va engendrer la situation du troisième acte, que je trouve très intéressante, très poignante et très neuve, quoique émergeant d'une vieillerie, et à laquelle j'applaudis sans réserve, parce qu'il faut, avant tout et toujours, être juste !

Or, cette situation qui a enlevé le succès, la voici :

III

Maxime de Turgis, qui a trouvé la fille de Julie plus forte que lui dans le cœur de sa maîtresse, s'en est, désespéré, allé seul. Quand la toile se relève au troisième acte, il est depuis toute une année en Égypte, et son ami Maurice, le mari de Julie, vient de recevoir une lettre qui lui apprend son retour. Sensible, comme tous les cocus qui méritent de l'être, pour ceux qui accomplissent chez eux la justice de Dieu, Maurice serait heureux de faire épouser à sa fille son ami Maxime de Turgis, et pour cela — dans une scène fort bien faite et très *nuancée* par Lafontaine — il ausculte le cœur de sa fillette. Que ne devient-il pas en apprenant que cette enfant aimait autrefois Maxime, mais que sa mère lui a défendu d'y penser ?... Ce qu'il devient ? vous le devinez bien !... et, franchement, on jouit de ce dramatique et calme parricide accompli innocemment par une fille ingénue sur le cœur de son père, coupable d'infidélité. La vérité, cruelle et formidable, éclate aux yeux de ce mari trompé, dessillés par cette enfant ignorante et terrible. Il se contient. Il la congédie. Mais quand sa femme adultère et malheureuse entre en scène, pâle comme la mort, et dont la pâleur est augmentée par l'opposition très intelligente de cette robe rose qu'a choisie Mlle Favart pour mourir, il n'est plus qu'un jaloux violent, implacable et menteur, menteur comme un jaloux ! Il lui annonce hypocritement la mort de Turgis, ce qui fait jaillir du rôle et de la poitrine de Julie un mot et un cri superbe, l'éclair définitif de la pièce : « Ah ! il s'est tué ! » dit-elle. Disons que ce n'est là, c'est vrai, qu'un mot de situation, mais convenons qu'il est extrêmement beau. Il a fait vraiment coup dans la salle. Sûr de tout par ce seul mot, Maurice se met à déchirer férocement le cœur de Julie en lui racontant ce que sa fille vient de lui dire, et il l'achève en lui apprenant que Turgis, qu'il disait mort, est vivant, et qu'il va arriver. Julie, trop faible de santé sans doute, car ordinairement les Parisiennes peuvent s'évanouir, mais ne meurent pas quand leurs amants arrivent, tombe inanimée au moment où Turgis entre dans le salon et s'élance vers elle.

Il se penche... J'ai cru à quelque hardi baiser qui eût justifié le meurtre sur place de l'amant, le coup de foudre du dénouement de cette tragédie domestique, mais M. Feuillet, petite ceinture bleue et robe montante, n'a pas osé ce baiser, probablement par peur de l'indécence.

« Je te tuerai ! » se contente de dire le mari furieux à cet amant si réservé, et l'autre répond lugubrement : « Elle est morte ! »

Morte, il n'y a pas de quoi ! disaient les stoïques de la salle, les stoïques légers. Morte, et pourtant on n'en était pas bien sûr ; car, lorsqu'on a relevé le rideau, on s'attendait à un quatrième acte, et c'était Lafontaine qui venait nommer M. Feuillet.

IV

Voilà ce drame, dans sa molle contexture, ce drame qui n'a guère, comme vous le voyez, qu'un troisième acte et une seule situation. Grêle et papilloté, on dirait qu'il a été inspiré par deux réminiscences : le *Supplice d'une femme* et la *Fille et la Mère,* mais la situation du troisième acte est si vive qu'elle a fait oublier les réminiscences. Sous des mains plus robustes que celles de M. Feuillet, cette situation eût certainement produit des choses plus grandes et dignes du Drame profond et sincère, mais M. Feuillet ne semble travailler que pour une étagère ou pour un plateau. Le style de sa petite exhibition pathétique brille moins que jamais par l'originalité des images, le piquant des mots et le coupant de la repartie. Cela est commun, mais académique, — ce qui ne s'exclut pas, — et ne fait d'*étonnement dans la tête de personne*, caractère et effet de l'esprit, disait Rivarol. J'ai dit déjà qu'il n'y avait pas, dans ces trois actes, un mot comique. Il n'y a pas même un mot spirituel. « *Cela repose les cheveux* », dit des visites qu'on ne se fait pas tous les jours, et qui, primitivement, était : « *Cela repose la raie* », est le seul trait qui ait l'air de vouloir être un mot, dans cette pièce qui a *reposé* l'esprit de l'auteur. On y trouve même des expressions surannées, qu'un écrivain qui a le sentiment et le respect de la langue dédaignerait. Ainsi, il est à chaque instant parlé du « foyer domestique ». On ne sort pas de ce foyer, on se chauffe trop à ce foyer, et on ferait bien, dans les représentations qui vont suivre, de l'éteindre un peu.

La pièce est certainement beaucoup mieux jouée qu'elle n'est écrite. La diction des acteurs est un style par-dessus celui de l'auteur. C'étaient Febvre et Lafontaine qui jouaient l'amant et le mari, et tous les deux ont montré l'entente de leur rôle, de la passion et presque de l'élégance. Lafontaine surtout a très bien mené la scène du canapé avec sa fille, qui rappelle (toujours les réminiscences embusquées partout dans ces pau-

vres choses dramatiques, maintenant si épuisées !)
la fameuse scène des interrogations d'Arnolphe
dans l'*École des Femmes* :

Où l'interrogateur souffre seul tout le mal !

Enfin, Mlle Favart, cette Dorval sans naturel
(trop souvent) du drame correct, l'épinglée Mlle Favart, a été, selon moi, très supérieure à ce qu'elle
est d'ordinaire, et je crois savoir pourquoi. C'est
que tout son rôle de Julie porte plus en dedans
qu'en dehors... Mlle Favart exprime mieux la passion contenue et qui déborde dans un mot ou dans
un cri qu'elle étouffe encore, que la passion qui
crie en *s'étalant dans son cri*, comme criait cette
Mme Dorval qu'on lui comparait l'autre jour à
cette représentation de *Julie*, cette Mme Dorval,
une grenouille à la voix éraillée dans les moments
tranquilles, mais qui, saisie par l'émotion, tirait
du fond d'elle-même — de je ne sais pas d'où, du
fond de ses talons peut-être — une voix qui fendait les cœurs et que Mlle Favart ne tirera probablement jamais du fond de sa poitrine. Cependant,
il y a, c'est certain, quelque chose au fond de cette
poitrine, et nous l'avons même entendu le soir de
Julie. Seulement, la pièce de M. Octave Feuillet
nous a appris que moins Mlle Favart aura à dire,
mieux elle vaudra, — et ce n'est point une épigramme ! Elle dit vraiment mieux le mot que les

mots. Elle jette bien le monosyllabe. Mais qu'elle ne nous le fasse pas attendre si longtemps ! Elle en prépare l'effet par trop de silence. Elle l'ajuste trop. On n'ajuste pas tant quand on sait bien tirer... Rendons justice à Mlle Favart : dans la scène finale du troisième acte, elle a été *actrice*, —et ce mot, je l'écris gravement et je le souligne, tant il est plein de choses pour moi ! Sublime de pâleur et de sang retiré des veines, dans sa robe rose, si riante et si tragiquement rose, avec ses beaux cheveux noirs tassés et pressés sur son front, presque à la romaine, elle a dit : « *Il s'est tué !* » comme la femme qui reçoit en plein cœur le coup qui a tué son amant, et qui le rend à toute la salle. Et lorsqu'elle est tombée à la renverse et rigidifiée, elle semblait si bien morte qu'on aurait pu croire qu'elle l'était.

C'est cette morte-là qui maintenant va faire la vie du drame de M. Feuillet.

V

Franchement, il a été heureux, cette semaine. Heureux comme un Octave ! Quelle que soit sa pièce de *Julie*, il a eu un succès flatteur, — et un flatteur encore plus agréable que son succès. Ce flatteur, c'est M. Émile Augier, qui l'a flatté en l'imitant, peut-être la meilleure manière de flatter ! M. Émile Augier nous a donné le *Post-Scriptum.* Il a voulu, en écrivant ce petit acte, être un Feuillet aussi bien qu'un autre, et entrer dans cette peau fine avec sa musculature d'Émile Augier. Comment a-t-il fait? Comment s'y est-il pris? Comment s'est-il dégrossi et aminci pour y tenir ?... Mais *cela y est !* Il y a tenu ! — comme le bon sens d'Astolphe, au fond d'une bouteille, dans la lune...

Nous n'avons pas à parler de cette bluette; nous ne voulons pas crever du bec d'une plume cette bulle de savon. Ça dure le temps d'une bulle. Bressant y joue avec Mme Plessy; tous deux, tête à tête. Bressant, parfait *gentleman,* sobre de geste, lent de diction, plaisantant avec cette voix charmante et mélancolique qui est le *si bémol* de son talent. Mme Plessy, pas si bonne. Avoir de si belles rondeurs à l'œil et pas de rondeur du tout dans la manière de dire et à l'esprit ! Être affectée et minaudière avec une si riche mine ! Être une si grosse moutte et faire tant de façons pour avaler gentiment et naturellement sa jatte de lait !...

VI

Mais le vrai *Post-scriptum* est celui-ci :

Notre article fait, nous sommes allé, ce soir, au Gymnase. Il est minuit. Nous en sortons. On y a joué une comédie en quatre actes, le *Filleul de Pompignac*, dont nous vous parlerons samedi. Cela a été accueilli comme si c'était de M. Dumas fils, mais on a nommé M. Alphonse de Jalin.

Les Princes aiment à garder l'incognito.

LE FILLEUL DE POMPIGNAC

—

10 mai 1869.

I

Il y a huit jours aujourd'hui que le *Filleul de Pompignac* a été joué au Gymnase, et nous sommes d'autant plus à l'aise pour en parler qu'aucune autre nouveauté ne s'est produite cette semaine. Cette pièce à idée — une idée séductrice et qui a décidé sans doute la collaboration de M. Alexandre Dumas fils — n'a pas eu, malgré les fortes qualités qu'elle atteste, le succès de la petite *Julie* de M. Octave Feuillet, ce drame de poupées anémiques où l'adultère lui-même a des proportions faiblottes et enfantines. Et qui sait ? c'est peut-être pour cette raison... Les mièvreries contemporaines étant données, M. Feuillet avec son théâtre de Séraphin doit avoir plus de succès qu'un penseur dramatique qui ne craint pas de se planter au plus épais de la complexité humaine. Poète ambré et larmoyant de petites maîtresses, M.. Feuillet leur verse son verre d'eau à la fleur d'oranger, qu'elles avalent et trouvent bon, tandis que M. Alexandre Dumas fils verse à ce public du Gymnase, qui est à peu près le même public que celui du Théâtre-Français, un vin capiteux, violent, d'un goût âpre, fait pour les hommes qui savent boire et porter leur vin, comme disait Bassompierre. Or, littérairement, il y a peu de ces gens-là... En sortant du *Filleul de Pompignac*, l'autre jour, j'ai vu des gens qui se plaignaient d'y avoir attrapé la migraine.

Eh bien, je le dirai tout d'abord pour que ce soit fini, si là est l'insuccès relatif, là est aussi le défaut de la pièce. Même écartés les êtres frivoles qui, à la moindre complication, se plaignent d'avoir un tournebroche dans la tête, le *Filleul de Pompignac* accuse trop de labeur. Il demande une attention qui diminue la volupté du spectacle. Le travailleur qui a passé par là est, sans doute, un esprit puissant, mais on est trop préoccupé de son tour de force pendant qu'il l'exécute, et l'art suprême serait de le faire oublier. Pour mon compte, je me soucie bien du verre d'eau claire de M. Feuillet, mais le vin le plus pourpré a sa clarté aussi, malgré la profondeur de sa pourpre...

C'est cette *clarté dans le profond* que j'aurais demandée à M. Dumas, et que, certes! il est bien capable de me donner, mais que, pour cette fois, il ne m'a pas donnée, et probablement parce qu'il s'est gratuitement placé dans des conditions de composition où la chose n'était pas possible. Stendhal posa un jour cette piquante hypothèse :

« Admirerait-on plus Raphaël s'il avait fait son tableau de la *Transfiguration* à cloche-pied? » Certainement! pour cela, les hommes sont assez bêtes... Mais il est certain que Raphaël, lui, aurait parfaitement dédaigné de faire son tableau de la *Transfiguration* à cloche-pied, alors même qu'il eût pu le peindre dans cette charmante position.

II

Ce n'est pas à cloche-pied que M. Alexandre Dumas fils a fait sa pièce; il l'a faite étant très d'aplomb sur les deux siens. Mais pourquoi en a-t-il ajouté deux autres?... Cela fait quatre. Cela en fait trop! Trop fait souvent l'effet de pas assez... Puisque c'est maintenant le *secret de la comédie*, et que tout le monde sait que la pièce de M. Dumas n'est pas de lui seul, nous pouvons bien parler de cette bienfaisance de collaboration qui a été une malfaisance pour la pièce. Je suis de ceux qui, en principe, nient absolument et repoussent la collaboration. — La génération de la pensée est essentiellement solitaire. Dieu n'a pas fait le monde à deux. Il n'y a que deux impuissants, ou deux *très peu puissants,* qui puissent avoir l'idée, dans l'ordre intellectuel, où les choses ne se passent pas comme dans l'ordre physiologique, de se joindre, à la manière des bêtes, pour faire quelque chose, et lorsque cela est arrivé, cela n'a jamais été un chef-d'œuvre. A part un ou deux vaudevilles peut-être, comme les *Saltimbanques,* par exemple, — et encore, il n'est pas bien sûr qu'à la table de déjeuner sur laquelle d'ordinaire ces choses-là s'écrivent, un collaborateur n'ait avalé l'autre pendant qu'il avalait, lui, son verre de champagne ; — à part, donc, un ou deux vaudevilles réussis, on n'a jamais vu un chef-d'œuvre jaillir d'une collaboration quelconque. Et il faut dire cela à M. Dumas plus qu'à personne ; car la générosité de son esprit, et peut-être une plus noble encore, l'entraîne-t-elle à des collaborations dont il n'a nul besoin, — serait-elle d'ailleurs, la collaboration, aussi avantageuse à l'esprit qu'elle lui est nuisible.

M. Alexandre Dumas fils aime ses amis, et il aime aussi les idées. C'est pour lui des amies de plus... Quand, par hasard, il en voit une qui a tout à coup poussé, comme une giroflée sur un toit de paille, dans la tête et sous les mains d'un pauvre homme qui va la compromettre ou la gâter, oh! il n'y tient plus! il veut la sauver, cette idée! Il se propose alors, et le pauvre homme en qui est tombée cette radicule d'idée, comme une graine de la patte de l'oiseau qui passe, n'est pas assez simple pour ne point accepter avec transport cette collaboration éclatante, qui va allumer son nom au nom brillant de M. Dumas. Être le Castor de ce Pollux n'est pas une petite chose!... C'est ainsi que M. Alexandre Dumas fils est devenu comme le sauveteur des idées en péril et des pièces mal venues. Il s'est fait, dans les lettres dramatiques, cette position originale, qui n'est pas sans grandeur mais non plus sans duperie, d'être le saint Vincent de Paul des pièces exposées... à n'être jamais jouées sans lui! Il les ramasse, expirantes, dans son manteau, et il les porte au Théâtre, comme l'autre Vincent de Paul portait ses autres enfants à l'hôpital. A cela, Vincent de Paul gagnait le ciel; mais M. Dumas ne gagne pas toujours le succès. Vincent de Paul, dans l'ordre moral, faisait une grande et sainte chose. Dans l'ordre actuel, qui a d'autres devoirs que l'ordre moral, M. Dumas en fait une imprudente et peut-être une illégitime… Il n'est pas certain, en effet, qu'il soit permis de faire des générosités avec son esprit, et c'est là où vous mène toujours cette collaboration qui, pour un homme supérieur obligé de descendre jusque-là, est toujours un peu du concubinage. C'est, je le sais, une grande tentation pour les hommes forts que l'idée de la protection, mais, appliquée aux choses de l'esprit, cette idée peut devenir une manie funeste. Il n'y a que les Rois absolus dans l'ordre intellectuel. Il n'y a pas de Lords Protecteurs !

III

L'idée qui a séduit M. Alexandre Dumas dans la comédie de M. Lefrançois, son Castor, dont le nom maintenant se met sur l'affiche, serait une idée superbe, pour peu qu'on la creusât. Et à eux deux ils ne l'ont qu'effleurée. A lui tout seul, si elle lui était venue, M. Dumas était capable de l'éventrer. C'est l'idée la plus féconde et la plus grande qu'il soit possible et utile de mettre au Théâtre avec nos lâches mœurs, qu'il serait instant de fortifier. En un mot, c'est l'idée de la lutte, à toute minute engagée dans nos mœurs, du Père social et du Père naturel. Qui est le père vrai, de ces deux pères?... Voilà la question, question haute, la plus haute de toutes les questions, à faire perdre haleine, pour se dresser jusqu'à elle, aux petits essoufflés de ce temps. Le père adultère et le mari trompé, ces deux personnages, tous deux comiques par un côté et tragiques par l'autre, n'ont jamais été considérés par les moralistes sensibles de cette époque énervée et nerveuse que sous le rapport de la sensibilité qui reçoit un coup et qui le rend. Point de vue vulgaire! Ou le mari trompé a été Georges Dandin, un grotesque, un éclaffement de rire rabelaisien, — ou un Othello qui se venge, — ou encore un bourreau involontaire et légal, un bourreau de par sa situation de mari, comme le mari de Fanny, dans le roman de M. Feydeau. Mais le mari qui n'est pas tout cela, le mari social qui est aussi le père social, le mari qui n'est pas seulement une *personne*, mais une *fonction*, c'est ce qu'on n'a pas pris à part et creusé, c'est ce qu'on n'a jamais mis, comme on devait et comme on pouvait l'y mettre, à la scène, et ce qui était (il est vrai, à l'état d'embryon) dans l'idée de M. Lefrançois. M. Alexandre Dumas fils a vu ce ver luisant caché dans l'ombre de l'ornière, mais il n'en a tiré qu'un éclair, et c'était toute une nappe de lumière qu'il en fallait tirer! Dans le *Filleul de Pompignac*, il est un moment où le fils adultérin, placé entre ses deux pères qui vont s'égorger, obligé d'être pour l'un ou pour l'autre, fait fléchir la nature dans son cœur, refoule la voix maternelle du sang dans ses veines, et se jette au cou de son père social au lieu de tomber dans les bras de son père naturel. Voilà l'éclair! Mais à sa lueur, pour qui sait la prolonger par la pensée, on perçoit des beautés de situation et une moralité sublimes, qui malheureusement manquent dans la pièce et sur lesquelles, avec un esprit aussi mâle que celui de M. Alexandre Dumas, qui tous les jours se christianise davantage et s'élève, on avait presque le droit de compter.

Cela a manqué. Faisons-en notre deuil. Mais pourtant voyons ce qui reste à la pièce de M. Lefrançois et de M. Alexandre Dumas.

IV

Il reste d'abord un vrai drame, un drame dans lequel le pathétique et le comique se mêlent et s'étreignent comme ils se mêlent et s'étreignent dans la vie et dans l'humanité, — non pas un drame qui, sous prétexte *d'intimité*, ne rit point, n'est pas spirituel, versote toujours la même larme et soupirote le même soupir ! Il reste un drame d'une étoffe croisée et solide, et souple comme la soie, et non pas comme la cotonnade de M. Feuillet. Il reste un drame à implication d'événements, qui produit, il est vrai, cette obscurité et cette tension de l'esprit dans le spectateur dont je me plaignais il n'y a qu'un instant, mais qui démontre, par l'abus même, la force experte de celui qui s'est plu à faire de tels nœuds pour venir à bout de les dénouer comme il les dénoue. Il reste un drame de passion profonde et largement exprimée, comme dans la scène terrible où les deux pères se trouvent face à face, l'un avec le sentiment du crime de sa jeunesse qui l'envahit et commence à le déchirer, l'autre avec le ressentiment de l'outrage qui depuis vingt ans lui dévore le cœur, scène palpitante et haletante, où le secret de sa paternité adultère est arraché au père de la Nature par le père de la Société ! Il reste un drame écrit avec cette plume nette, rapide, tranchante, qui couperait l'acier, et qui, froide d'abord, s'échauffe au dialogue, et finit par devenir la vraie langue dramatique dans sa hachante concision et sa raideur de projectile. Il reste enfin, malgré l'imperfection que j'ai signalée, une œuvre d'art et de travail dans laquelle toutes les qualités qui font

M. Alexandre Dumas fils sont tellement marquées, que quand il aurait voulu garder son pseudonyme du premier soir, c'eût été parfaitement inutile. On l'aurait reconnu.

La pièce est, du reste, admirablement jouée par trois acteurs, et à ne pas savoir lequel, dans son genre, est le meilleur des trois. Ces trois acteurs sont Pujol, Landrol et Ravel. Pujol fait le père naturel (le général de Montcherville), Landrol (M. Dornon), le père social, et Ravel, le Pompignac, qui est le parrain du fils des deux pères, Pompignac, un type de vieux garçon bourgeois de la plus amusante bonhomie et de la plus humouristique causticité. Dans l'état présent du personnel dramatique connu et officiel, nous ne savons que M. Dumas fils qui pût créer cette tête blanche de vieillard vert, cette figure ridée et futée du vieux Pompignac, lequel éclaire ce drame poignant d'un rayon de cette gaieté que nos œuvres dramatiques, quand elles ne sont pas simplement des farces, ne connaissent plus. Certainement, ce n'est ni M. Feuillet, qui *cueille* trop précieusement la bouche pour rire; ni M. Barrière, qui ne manque pas de mordant, mais qui est revêche et prêcheur; ni même M. Sardou, plus subtil que spirituel, qui auraient jamais trouvé cette physionomie de Pompignac, si délicieusement rendue par Ravel. Il y avait, ma foi! bien quinze ans que je ne l'avais vu, ce Ravel; quinze ans que je l'avais laissé ressemblant à Romieu, — déjà excellent, déjà plaisant et drôle et divertissant dans son jeu, comme l'homme célèbre dont il était le singulier ménechme au Théâtre; mais à présent, c'est un acteur d'une expérience consommée, arrivé au plus juteux comique et au naturel le plus aisé et quelquefois le plus exquis. Quel profit de vieillir comme cela!

Pujol, le fou tragique de la *Fanny Lear,* a représenté le général de Montcherville avec une individualité de physionomie et de tenue, une raideur militaire contractée sous le hausse-col, et une sensibilité comprimée qui passe sans cesse à travers cette raideur et lui donne une touchante noblesse. Mais c'est encore, de tous, Landrol qu'on doit le plus louer. Landrol fait le père social, le mari trompé qui hait son fils, dont il paye les dettes, et s'adresse au général, qui est le vrai père, pour faire tuer, dans quelque expédition militaire lointaine et dangereuse, ce fils abhorré qui n'est pas son fils, et dont la présence lui rappelle et lui cingle au cœur l'infidélité et la trahison de sa mère. Landrol est tout uniment sublime dans cette scène, une des plus belles de la pièce. Ce n'est plus le mordant et joyeux Landrol qui enlève le mot avec tant de verve, qui a tant de fouet dans la repartie! C'en est un autre que je ne connaissais pas, pathétique, violent, magnifique de voix et de sensibilité rauque et déchirée; éclatant à se rompre, puis brisé, éteint, mais inguérissable du coup cruel qui l'a frappé; Landrol, aux tempes blanchies et dévastées, qui n'a pas craint de se faire vieux, et qui a su aborder son rôle avec la vaillance de l'artiste oubliant toutes les prétentions que peut avoir l'homme pour ne se soucier que d'être un grand acteur, et il l'a été !

Les femmes n'ont pas été si bonnes dans la pièce de MM. Lefrançois et Dumas. Elles n'y ont pas eu cette supériorité. Il est vrai que leurs rôles n'ont nulle part l'importance des trois rôles que je viens d'indiquer. Mlle Angelo, avec son menton impérieux et son insolente beauté, a eu l'ironie froide et la langueur d'impertinence qui convenait dans le rôle de la cocotte à laquelle le *Filleul de Pompignac* doit les quarante mille francs qu'elle vient réclamer. Mais Mlle Pierson, hélas! amincie, maigrie, moins voluptueuse et moins suave qu'autrefois, Mlle Pierson, vaguement teintée de rose aux narines, la première meurtrissure, peut-être, de cette fraîcheur de fleur qui nous enchanta le regard, n'a pu montrer ses qualités acquises de comédienne dans un rôle aussi insignifiant que celui d'une fille à marier. Chose à noter! Dans cette pièce du *Filleul de Pompignac,* les femmes sont sacrifiées aux hommes avec cette indifférence d'observateur qu'a maintenant le viril talent de

M. Dumas. Ce n'est pas M. Octave Feuillet, par exemple, qui sacrifierait jamais le rôle de la femme au rôle de l'homme, dans ces pièces dont les femmes doivent faire le succès !...

Celles de la salle du Gymnase, l'autre jour, ne prenaient pas les airs attendris qu'elles avaient aux Français, à la représentation de *Julie*, et les hommes, qui sont des femmes aussi, n'avaient pas non plus l'enthousiasme *caillette* qu'ils avaient aux Français pour une pièce où l'adultère, coupé de larmes, n'est plus que de *l'abondance* d'adultère.

Franchement, ils étaient moins pâmés, moins ravis. Mais, c'est égal! ils avaient reconnu dans le drame de M. Dumas, un peu mâle, peut-être, pour leurs cervelles, que, malgré et à travers les pattes du collaborateur, la griffe du lion y était...

LE MOULIN ROUGE

POTERIE

———

Dimanche, 30 mai 1869.

I

Avais-je tort quand je vous affirmais que la saison dramatique est finie, et qu'on peut dire aux critiques de théâtre de s'en aller promener où ils voudront maintenant?

Prenez visée ailleurs et troussez-moi bagage!

Cette semaine, qu'avons-nous eu ?.... Rien, sinon, à la Gaîté, un mélodrame de M. Xavier de Montépin. La dernière goutte du fond du verre! M. Xavier de Montépin, qui fait depuis vingt-cinq ans le bonheur de tous les cabinets de lecture, est un des auteurs les plus populaires de cette littérature qu'on pourrait appeler : la *Littérature du métier ;* car il y a dans le monde deux littératures : celle du *métier,* et celle du *talent,* — celle qui nourrit son homme et quelquefois l'indigère, et celle qui le laisse mourir glorieusement de faim. M. Xavier de Montépin, fait pour aller à tout par sa naissance, si, dans ce délicieux temps, la naissance n'était pas une raison pour n'arriver à rien, M. de Montépin, qui avait bien autant d'esprit qu'un homme mal né, ma foi ! ne voulut pas, dès sa jeunesse, se contenter d'être un élégant gentilhomme, de bonnes manières, d'un physique remarqué des femmes, et il lui prit encore envie un jour... ou un soir... après souper et peut-être après une bouillotte.... trop bouillante, de se jeter bravement dans la première de ces deux espèces de littérature.

C'était alors la saison des triomphes dépravants d'Alexandre Dumas, ce grand prolifique qui a fait, hélas ! autant d'enfants littéraires que de livres; d'Alexandre Dumas père, ce père de tout un monde, dont le moins fils est peut-être son fils, — car Dumas fils est la pensée, et Dumas père n'est guère que l'animalité. Tout ce qui était jeune en ce temps-là et se mêlait d'écrire, semblait plus ou moins engendré de Dumas. Naturellement, M. Xavier de Montépin, qui se mit tout de suite à *gigogner* chez Cadot, fut regardé, pour sa fécondité, comme une des boutures de Dumas. Je n'ai point à rechercher les commencements de sa vie littéraire. Mais, quand je l'ai lu, il m'a toujours fait l'effet, dans ses livres, de ces émigrés qui donnaient des leçons de quelque chose ou qui tournaient la salade dans l'émigration. Seulement, la salade littéraire tournée et retournée n'était pas une corvée pour M. de Montépin; il l'a tournée longtemps et il la tourne toujours, même sans avoir besoin de la tourner! M. de Montépin ne dépend pas de la littérature, et il n'a pas renoncé à la littérature, ce qui prouve un amour pour elle qui n'est pas sans noblesse, puisqu'il est désintéressé. Nous le voyons aujourd'hui continuer d'en faire, avec un briska et des chevaux, comme il en faisait autrefois sans chevaux et sans briska. L'auteur des *Filles de plâtre* n'est point de plâtre, lui! Obstiné, il n'a point laissé là le roman, mais, du roman, il est allé au mélodrame, comme y va M. Ponson du Terrail, — cette autre bouture de Dumas. Et voilà pourquoi il nous a donné cette semaine ce *Moulin...* de plâtre, qu'il a appelé le *Moulin rouge*, peut-être parce que le rouge triomphe en ce moment, mais que la couleur dont il l'a peinturluré ne rendra pas plus solide et ne sauvera pas!

C'est un mélodrame, en effet, et de la plus damnée espèce de mélodrames. C'est un mélodrame avec toutes les herbes empoisonnées de la Saint-Jean des mélodrames, un mélodrame de titis et de portières, et, comme diraient celles-ci, du plus *grand genre dans la chose*. Le mélodrame et la politique sont les deux chaudrons des sorcières de Macbeth, — ce qui ne veut pas dire qu'il faille être, pour les remplir et les remuer, de bien grandes sorcières. Il s'agit seulement d'y jeter, comme dans Shakespeare, beaucoup des choses horribles et même parfois dégoûtantes, et de mêler le tout avec énergie. Pour faire du mélodrame, comme pour faire la politique, il faut avoir un de ces estomacs de chimiste qui goûte à toutes les substances et qui n'a mal au cœur de rien. Les hommes à caractère très fier ne touchent point à la cuisine de la politique. Les hommes à esprit très élevé ne touchent point à la cuisine du mélodrame. Mais M. Xavier de Montépin, qui ne cherche au théâtre que son public habituel des cabinets de lecture, ne complique pas les œuvres dramatiques qu'il lui offre des élévations de son esprit. Dans son mélodrame d'aujourd'hui, dans ce *Moulin rouge*, qui, on peut le dire, *moud* tous les genres de crimes : vols, assassinats, bigamie, enlèvement et séquestration d'enfant, escalade, duel sur place, disparition dans la Seine à l'aide d'escaliers qui basculent, tout est tellement mêlé, tassé, entassé l'un sur l'autre, que l'esprit en est hébété et comme écrasé, et que le rire — vous entendez! le rire — finit par prendre ceux-là mêmes qui aiment le mélodrame et qui savent par quels procédés inférieurs se construisent, à froid, ces grandes machines à émotion qui éclatent parce qu'elles sont trop chargées... De situation amenée naturellement ou vraisemblablement, parmi toutes ces situations forcées et faussées qui s'y accumulent, il n'y en a point dans le mélodrame de M. de Montépin. De caractères non plus; car la coquinerie et la scélératesse impudente ne sont pas des caractères. De langage bien moins encore; car on n'a pas besoin de langage dans les pièces où le fait est tout et où la situation est le seul style, le style matériel pour les nerfs et les yeux! Assurément, M. de Montépin n'écrit pas plus mal le dialogue que tous les autres faiseurs de mélodrames, mais aussi il ne l'écrit pas mieux; il dit les choses avec la grosse correction suffisante et la vulgarité voulue. Enfin, partout, il n'est d'aucune manière plus haut que tous les autres brasseurs de cette grossière matière dramatique. Il reste donc, au théâtre comme dans le roman, le littérateur de *métier*, qui ne domine son métier par aucune faculté supérieure et vengeresse de ce que ce métier peut avoir de bas. Et par là il échappe, aujourd'hui comme toujours, à l'examen de la Critique, qui a pour objet l'Art dramatique sincèrement abordé et la véritable Littérature.

Pour les acteurs, c'est différent. Les acteurs qui

se sont dévoués à manœuvrer, quatre heures durant, cette lourde roue de je ne sais combien de tableaux enchevêtrés les uns dans les autres, méritent vraiment qu'on reconnaisse l'abnégation de leur talent et la puissance de leur effort. Il faut les louer de ce qu'ils ont fait, et surtout les plaindre de n'avoir pas eu davantage à faire. Ils ont certainement empêché la pièce de M. de Montépin de tomber sous la fatigue et l'accablement du public. Mais si la pièce avait été plus alerte et plus claire, moins empêtrée d'événements et de crimes et plus vivante de langage, ils pouvaient, qui sait ? lui valoir un succès. Vannoy, Mlle Duguerret et Deshayes ont joué et soigné leur jeu comme si la pièce eût été un chef-d'œuvre. C'est presque de la vertu, que de jouer comme cela ! Vannoy, dans son rôle mutilé de chevalier de la Morlière, qui n'est pas celui de l'Histoire, et Mlle Duguerret dans son rôle de mère (la mère commune à tous les mélodrames), qui n'avait que quelques cris à pousser et à monter un escalier pour aller rejoindre son fils qu'on lui a enlevé, et qu'elle a monté en rampant, avec un mouvement *très trouvé* de terreur fauve, ont été tout ce qu'il était possible d'être dans les rôles sans relief.

Quant à Deshayes, qui faisait, lui, le rôle le plus odieux, mais le rôle capital du *Moulin rouge* : le scélérat d'une seule pièce, sans une fibre humaine, le scélérat absolu qui est du bois dont on fait les flûtes... de scélératesse, a montré un talent de nuances qui est assurément pour lui une conquête. Deshayes est un acteur de force sanguine et de muscles, et son talent ressemble à son physique : c'est un talent épais, violent, qui s'efforce et tend à la déclamation. Eh bien, dans le scélérat du *Moulin rouge*, personnage composé par M. de Montépin, probablement les yeux tournés vers Frédérick Lemaître, Deshayes, qui passe par deux ou trois déguisements, a fait preuve d'une flexibilité rare chez les meilleurs et chez lui inconnue. Beau de traits plus que d'expression, il a dompté ses yeux un peu trop ouverts d'ordinaire et légèrement effarés, et revêtu une physionomie de beaucoup de noblesse sous le prisme blanc de la poudre qui lui va très bien. Tout le temps qu'il a joué le grand seigneur, il a eu des gestes d'homme *comme il faut* et il a marché sur son talon rouge sans aucun embarras, et quand il s'est déguisé en loueur de bateaux pour se cacher, il s'est grimé à faire croire qu'il avait deux têtes à son service et il s'est tenu en scène avec une dissimulation d'attitude et une courbure en avant de cette taille que nous venons de voir tout à l'heure si fièrement cambrée, qui allait jusqu'à l'Art, — l'art profond. Mais c'est surtout dans la partie du rôle où, couvert de diamants escroqués, il se donne pour revenir des Grandes Indes, avec le masque de bronze que le soleil lui a mis sur la face et l'accent asiatique que le Penjaub lui a donné, qu'il a été — disons-le! — excellent. Ici, le mélodrame a disparu pour un instant et a fait place à une vraie scène de comédie, et Deshayes, qui est pourtant bien plus fait, à ce qui semble, pour le drame que pour la comédie, est devenu tout à coup comédien, — ce qui est bien plus difficile. Il a eu toutes les finesses, toutes les ironies, toutes les hypocrisies tempérées d'un comédien qui joue un coquin plein d'aplomb tranquille, de sérénité, de suavité, de bassesse veloutée et moqueuse. Il a eu les rampements d'un tigre, mais d'un tigre gai qui sait donner la patte et qui la baise aux autres... Il s'est entr'ouvert, refermé, possédé, comme un comédien. Il a zézayé des respects asiatiques en évitant la *charge* et la caricature, — qui étaient l'écueil. Il a enfin été amusant et charmant, par-dessus l'odieux et le terrible de son rôle.

J'aime à lui envoyer cette justice. Deshayes, dans cette pièce du *Moulin rouge,* est de tous les acteurs le seul qui doive des remerciements à M. de Montépin, et M. de Montépin, lui, leur en doit à tous!

II

Que les extrêmes se touchent dans ce feuilleton ! Après le mélodrame, la parodie. Nous avons vu cette semaine cette parodie de *Patrie!* qui se joue au Palais-Royal sous le titre bouffon de *Poterie!* On ne rend pas compte d'une parodie ; on en rit, si elle est plaisante, et on dit : Allez-y, comme nous, pour y rire ! L'auteur, l'inspirateur de cette folie, est Cham, le célèbre caricaturiste, et la malice de cette extravagance, de ce caprice dans le bleu, est très innocemment polissonne et ne blessera pas M. Sardou.

Cham a le don du rire qui ne blesse pas. Sa gaieté fait le geste gamin que vous savez, mais avec la main d'un artiste ! Silly, la spirituelle Silly, aux beaux yeux, trop ronds peut-être, — mais le soleil est rond, la lune aussi, et, ma foi ! tant d'autres choses charmantes, que je pardonne à ces deux yeux brillants leur rondeur et ne vois plus que leur éclat, — Silly joue *chamiquement* le personnage de Fargueil, à la faire crever, — mais pas de rire ! Hyacinthe et Lassouche, avec leurs deux nez, sont aussi superbes dans *Poterie!* Cham a trouvé des interprètes comme s'il les avait dessinés, Cham, ce puits artésien d'une verve toujours prête à jaillir, qui depuis trente ans fait des comédies délicieuses avec son crayon, et qui, pour une fois, vient de s'essayer à la plume.

Nous espérons bien que ce ne sera pas pour une fois !

LA PARVENUE

Dimanche, 5 septembre 1869.

I

Jusqu'où *parvient*-elle, cette *Parvenue?*... Est-elle *parvenue* à nous plaire? *Parviendra*-t-elle seulement à une quinzième représentation?... Peut-être! Les publics ont parfois d'étonnantes longanimités. La *Parvenue*, de M. Henri Rivière, jouée lundi, assez solennellement, au Théâtre-Français, car Got et Febvre en étaient, — ce qui nous sortait de la *troupe de carton*, comme ils disent entre eux, dans les coulisses, des acteurs qui jouent ou qui débutent pendant l'été quand les célèbres sont en tournée, — la *Parvenue* de M. Rivière est une pièce laborieusement construite, d'une médiocrité assez soignée, un meuble enfin de la maison Buloz, suffisamment époussetè. L'auteur, en effet, est un écrivain de la *Revue des Deux Mondes*. Il a, malheureusement, sur l'esprit, l'uniforme qu'on a là dedans. Il est épais et terne. Sa comédie, sans un seul mot brillant ou mordant, sa comédie anti-comique, comme toutes les pièces modernes qu'on joue au Théâtre-Français, est quelque chose d'entre le Feuillet et le Pailleron... mais au-dessous de tous les deux. Ce soir-là, justement, on a pu comparer. Ils ont donné, pour lever de rideau, le *Cheveu blanc* de M. Feuillet, cette *marivauderie* de bœuf pour la légèreté et pour le charme, laquelle nous a bien préparés par l'ennui à écouter la pièce de M. Rivière, et on l'a écoutée presque aussi sérieusement qu'elle a été écrite, la malheureuse! mais elle n'a soulagé personne de cet ennui Feuillet qui avait précédé le sien.

Je sais certainement compatir à la bonté des intentions, au courage de l'effort et à toutes sortes de choses honorables qui voudraient être du talent et qui ne *parviennent* pas à en être, mais il faut vraiment déplorer que ce qu'on appelle une comédie ne puisse pas être plus gaie que ça!

II

C'était pourtant — la *Parvenue* — un bon sujet de comédie telle qu'on en faisait autrefois; c'était là, comme on disait alors, — et l'on disait bien! — une comédie de *caractère*. Mais M. Rivière a mal titré sa pièce. Ce n'est point du tout une *parvenue* que la femme qu'il a peinte. C'est l'*intrigante*, l'intrigante, la femme des tripotages modernes, qui veut parvenir, oui! mais qui n'est pas parvenue, et qui, pour cela, pousse et ne cesse de pousser les autres et elle-même. Le type que M. Rivière n'a pas su nommer n'est nullement comique, tandis que la *parvenue*, méritant ce nom, l'était... Une madame Turcaret du dix-neuvième siècle aurait pu être aussi comique que la Turcaret du dix-huitième, et aussi vraie, puisque, dans l'envahissement de l'homme par la femme, cette goule de prétentions inouïes, tous les types d'hommes tendent à se féminiser. Les *parvenues* existent dans la société de ce temps, et non pas seulement les parvenues *à la suite*, les parvenues par leurs maris, mais les parvenues par elles-mêmes; et c'eût été d'une hardiesse digne d'un poète comique de risquer à la scène une *parvenue* de ce genre, arrivée, par la corruption spéciale à la femme, au plus haut sommet social, et y gardant dans son langage, dans ses manières et dans sa conduite, la trace ineffaçable de la bassesse de toute sa vie. On aurait même pu donner à cette madame Turcaret les pataquès de Mme Flocon, par exemple, les « *c'est nous qui en sont* » de cette parvenue aussi, non par elle-même, mais par son mari et par la poussée politique. Une telle figure, dessinée avec la profondeur qui conviendrait, une telle figure, écrasant de son luxe et de son mépris la société qui l'aurait entourée et qui n'aurait pas manqué de se traîner devant elle dans toutes les attitudes que savent prendre les hommes devant le vice heureux, alors même qu'il est le plus ridicule et le plus odieux, — oui! une telle figure aurait pu faire rentrer sous terre, au lieu de les rappeler, tous les Octave Feuillet et les Pailleron, et renverser de fond en comble la manufacture de la *Revue des Deux Mondes,* cette filature de coton littéraire pour la consommation du Théâtre-Français.

Mais, au lieu de cette robuste comédie taillée en pleine boue de ce temps, qui, maniée et pétrie par une forte main, aurait pris la solidité et l'éclat de marbre des grandes œuvres, nous avons eu un drame larmoyant et sans grandeur, dans lequel une femme d'affaires de cette société où des pouilleux se perdent pour gagner quatre sous entraîne son mari — un sot ridicule et amoureux — non pas dans une ruine, car elle ne le ruine même pas, mais dans de petites spéculations que le hasard ne fait pas réussir et qui sont plus dignes encore de pitié que de mépris. Cette femme, que l'auteur appelle Mme Calendel et qui a l'activité de ces créatures qui, comme des filles de chambre, peuvent monter et descendre beaucoup d'escaliers dans une journée, est une drôlesse à la manière de celles-là (il y en avait peut-être dans la salle du Théâtre-Français ce soir-là) qui se font donner par leurs imbéciles et lâches amants des lettres de femmes, en vue d'en spéculer plus tard. Chantage si commun à cette heure, qu'un auteur qui sentirait sa force dédaignerait de l'employer comme moyen dramatique! Or, Mme Calendel a justement trouvé un de ces pantins qui lui a livré les lettres de Mme de Sarrans, dont il a été l'amant, et la comédie de M. Rivière commence au moment où le polisson voudrait bien les ravoir, ces lettres. Seulement, la Calendel, de son côté, tient à les garder, parce que ces lettres peuvent déshonorer très bien Mme de Sarrans, dont elle a été l'amie de pension et qu'elle a vue avec envie épouser le marquis de Sarrans, tandis qu'elle, orgueilleuse et se croyant supérieure, elle n'a épousé qu'un

Calendel ! C'est donc autour de ces lettres que s'enroule toute l'intrigue de la pièce, et celui-là qui doit les ravoir, ce n'est pas l'amant qui les a livrées, mais un M. de Léris, un consul qui arrive du fond des Amériques avec un ancien amour dans son cœur de consul pour Mme de Sarrans, et dont la Calendel s'éprend à la première vue, comme une femme de tête — et on nous la donne pour une femme de tête — ne s'éprendra jamais! Elle la perd, en effet, au premier coup d'œil, et quand Léris lui demande ces lettres, elle les lui donne comme une chienne donne la patte. M. de Léris les rapporte, comme un autre chien fidèle, à la femme qu'il aime, et vous croyez qu'il va l'épouser pour sa peine... Eh bien, non! il le veut, mais elle ne le veut pas, parce qu'elle a aimé le drôle aux lettres livrées pendant l'absence du consul... *caveant consules!* et le consul, qui est un Alceste, et qui fera bien de rester dans les consulats, car il est trop honnête pour avoir beaucoup d'avancement dans la diplomatie, retourne à son consulat comme il en était revenu.

Voilà tout le nœud et le dénouement de la pièce. Il y a bien, avec cela, la ruine de Calendel, mais elle n'est pas le nœud de cette comédie. Il y a l'amour, qui finit à point, de Calendel pour son indigne moitié, et l'impudence finale aussi, mais ne finissant pas, de Mme Calendel, laquelle s'en va chercher fortune ailleurs, et file aussi, comme le vertueux consul a filé.

III

Raconter une telle pièce dispense de la juger. C'est Got qui a joué ce benêt de Calendel, dont l'imbécillité est lamentable, car à quoi bon des imbéciles au théâtre, si ces imbéciles ne sont pas gais? et c'est son habileté de comédien, sa tenue et son geste si profondément bourgeois, qui ont couvert, sans le sauver, la nullité de ce rôle, qu'on s'étonne qu'il ait accepté. Le meilleur de tous a été Febvre, qui jouait le moraliste amoureux, et qui a su n'être pas trop pédant en débitant tous les prudhomismes de vertu qu'on lui fait dire et qui font partir, à point nommé, les plus grotesques applaudissements, — des applaudissements comme on en donnerait au *Qu'il mourût!* du vieil Horace. Le public du Théâtre-Français devient d'une telle honnêteté, qu'on n'y peut plus prononcer tranquillement le mot de *devoir*. On voit que Ponsard a passé par là! Mlle Devoyod jouait la Parvenue, le premier rôle de prose (disait-on autour de moi) qu'elle eût joué encore, cette bouche fendue pour les plus hautes échasses des alexandrins ! Mlle Devoyod est une grande personne qui semble embarrassée de toutes ses grandeurs. Elle marche en courbant sa grande taille comme l'arche d'un pont, et, en parlant, elle donne à sa grande bouche des obliquités singulières. Quant au talent, je n'en ai vu d'aucune espèce dans cette longue demoiselle, qui parle long, marche long, fait tout long, et augmente toutes les longueurs de la pièce de ses longueurs.

Quoique la *Revue des Deux Mondes* eût dégorgé dans la salle des Français par tous ses vomitoires, la pièce de M. Henri Rivière n'a guère eu que le succès équivoque qu'on a toujours aux Français les jours de premières représentations. On ne sait vraiment pas trop ce que les applaudissements de ces jours-là signifient... J'ai cueilli, pourtant, quand le silence revenait entre les deux *claqueries*, quelques tapotements favorables de cannes émues et indiscrètes, bien flatteurs...

MADEMOISELLE KAROLY

9 septembre 1869.

I

Elle est donc rentrée à l'Odéon, et l'Odéon l'a donnée au public pour fêter sa réouverture. Elle a *fait le cavalier seul...* Si c'est là une réparation offerte enfin à l'artiste longtemps humiliée, cela honore l'Odéon ; car on la lui devait. Karoly, le talent méconnu, non du public intelligent, mais des Directions, qui méritent une autre épithète ; Karoly, émigrant de l'Odéon pour aller aux Français, où ils auraient dû l'accueillir et la garder, est retournée à l'Odéon où la voilà et où il faut qu'elle reste ! Pendant ce relancement et ce rebondissement douloureux de Karoly d'un théâtre à l'autre, Mlle Agar, elle, cette mièvre tragédienne sans organe, cette agréable diseuse de vers d'entre la poire et le fromage, est entrée aux Français fort commodément, dans la chaise à porteurs de la protection. La protection n'en fait jamais d'autres ! elle est plus bête que les bâtons de sa chaise. Mlle Agar doit être une tragédienne, d'ailleurs, selon le cœur de M. Doucet. C'est une tragédienne dans les tons doucets. Rien donc d'étonnant à ce qu'on lui ai donné, au premier Théâtre du monde, les rôles les plus grands du répertoire, pour qu'elle y vautre sa petite personne comme un poissonnet dans un grand bocal, et cela quand Mlle Karoly, dont l'énergie déplaît aux eunuques qui gardent ce sérail, a été mise à la porte du Théâtre-Français... *doucet*ement...

II

Mlle Karoly est, en effet, peut-être la dernière grande expression qu'on verra maintenant de la Tragédie. Lorsqu'elle est entrée pour quelques jours aux Français, il y a six mois, et qu'elle y fit cette brillante et amère campagne de quelques soirs, — amère pour elle, brillante pour nous, — je dis au *Nain Jaune* ce que je pensais de cette actrice sortie d'elle-même, tandis que Mlle Devoyod, par exemple, — cette Philippine-La-Longue, — est sortie du Conservatoire et même ferait bien d'y rentrer ! J'aurais désiré la voir dans tous ses rôles. Je ne la vis que dans la Camille des *Horaces* et la Monime de *Mithridate*, heureusement deux rôles différents, les deux extrémités du clavier dramatique. On se rappelle peut-être la grande impression que me fit cette énergique actrice, vraie à sa manière comme Rachel l'était à la sienne, Rachel, le talent le plus spontané, le plus fleur, le plus lys qui se soit élancé jamais sur une tige, et qui, un soir, quand personne n'y pensait, dans une salle presque vide, s'éleva et éclata tout à coup comme une fusée de génie et d'effets inconnus ! Mlle Karoly n'a point eu cet accomplissement instantané d'astre qui semble jaillir de l'horizon, tant il monte vite ! mais elle n'en est pas moins dans la vérité de sa nature, inspirée mais plus volontaire. Karoly, c'est tout à la fois le bloc et la statue. La statue est dans le bloc, et il s'entr'ouvre, et elle sort ; mais elle discute avec le marbre pour en sortir, — pour s'en arracher ! Cette discussion triomphante avec son marbre, j'ai pu le constater mieux que jamais cette semaine encore ; car j'ai revu Karoly dans Camille, et j'ai trouvé dans le marbre de l'actrice la Camille plus *sculptée* qu'il y a six mois.

Le quelque chose d'abrupt, de heurté, d'inégal, d'incohérent presque, qu'on remarquait dans la fauve Romaine, n'existe plus. Les derniers empâtements du marbre sont tombés, et la forme pure et idéale apparaît, nette et puissante, dans la majesté de son aplomb et la permanence de son harmonie. Même de beauté physique (c'est-à-dire ce *sur quoi* la volonté a le moins d'empire, — car, ne vous y trompez pas, superficiels, elle en a pourtant!), même de beauté physique, Mlle Karoly s'est augmentée. Une étude de tragédienne est, avant tout, une étude de statuaire. Eh bien, chez la Karoly d'à présent, le marbre de la chair tourne mieux dans sa plénitude et dans sa densité. Les contours en sont plus arrêtés et plus finis, et la lumière qui les faufile luit mieux aussi sur la rondeur de l'épaule nue et sur ces admirables biceps qu'aurait admirés Michel-Ange et qu'il aurait donnés à la statue de la Force. Tout ce corps, digne d'un socle, qui se moule dans les flottements légers du péplum et les souffles de la démarche, a une beauté de statique, même quand il marche, une beauté (qu'on me passe le mot!) de *pesée sur la terre*, qui dit bien la substance dont il est formé. Il n'y a rien ici de l'incorporelle grâce de Rachel, la Psyché Rachel, la Psyché presque ailée et dont les bras fluides semblaient avoir plus d'âme que de chair... Mais la noblesse de

Rachel est venue ; c'est là ce que je veux noter.

Karoly, la fougueuse Karoly aux anciennes emphases, est arrivée à la noblesse dans le geste, l'attitude, le port de tête sur ce beau cou immobile de canéphore, et c'est ce qui m'a sauté aux yeux tout d'abord dans le rôle de Camille, et plus encore dans le rôle plus concentré d'Émilie. La voilà donc noble, parfaitement noble enfin ! On ne dira plus d'elle : « Oui ! elle a du talent, mais par places ; elle a des inspirations momentanées, des irruptions, des effractions de talent, cette fille inégale comme une tragédie de Corneille ; » on ne le dira plus ! car elle a du talent toujours, puisqu'elle a de la noblesse toujours, dès qu'elle est en scène, comme la statue de Minerve sur son piédestal.

III

Ce progrès-là que je dis avec joie, le public de l'Odéon, décapité de ses jeunes gens qu'elle eût fait vibrer comme des lyres, le public de cette semaine, l'aura-t-il vu ? C'était un public de vacances, un public désespérant pour de pauvres acteurs qui viennent, quand ils en ont, tordre leur âme devant ces yeux de batraciens qui les regardent avec une bêtise si impénétrable ou si effarée. Je crois, Dieu me pardonne! que toutes les charcutières de France s'étaient donné rendez-vous à l'Odéon pour voir jouer une tragédie et se procurer un plaisir d'incompréhensibilité. Des mains courtes à doigts de saucisson et à paumes à la crapaudine, soutenaient des fronts suants qu'elles raclaient de leurs éventails.

Si les femmes étaient cela, imaginez ce qu'étaient les hommes devant lesquels l'harmonieuse et noble Karoly marchait et s'agitait dans les savantes simplicités d'une succession d'attitudes qui étaient un rythme! Moi, retiré, ramassé sous ma lorgnette, je jouissais profondément du jeu de cette fille, en progrès si visible. Je savourais les nuances acquises de ce jeu qui se nuancera encore. Des défauts, si je le voulais, j'en signalerais bien à l'artiste en train de se parfaire... Ainsi, la voix a encore des emphases que le corps n'a plus. Ainsi, le mépris, ce sentiment nécessaire aux tragédiennes, le mépris et l'ironie que Rachel lançait si bien de sa bouche arquée, Karoly ne l'a pas. Elle n'a pas su le mettre sur ce visage de déesse, qui est le sien, et qui peut passer, comme dans Camille, à l'Euménide de la fureur et de la vengeance sans traverser une seule fois l'amertume du mépris. La panthère d'articulations et de sauvage colère qui dort dans cette belle Karoly, mais peut s'y réveiller terrible, la panthère n'est encore que la panthère. Il n'y a pas dans l'expression de cette furie le mépris que j'y voudrais mêlé, le mépris plus intellectuel et plus cruel que cette colère, mépris que les bêtes n'ont pas et qui est un sentiment de nous à nous autres hommes!

Karoly le mettra-t-elle un jour dans les puissances de son expression? Sa bouche, charmante quand elle sourit, — elle a souri *deux fois* dans Émilie et rien n'est plus délicieux que cette hardiesse de sourire dans la Tragédie, — sa bouche n'est pas physiquement moulée pour laisser tomber ce vitriol glacé du mépris. Seulement, la volonté peut l'y faire perler cependant, — et je ne désespère pas de l'y voir un jour, puisque la noblesse est bien venue à la femme animalement puissante, et que de la panthère elle a fait une âme, une âme dans un corps dont l'épaisseur ne la cache plus!

Voilà, pour aujourd'hui, ce que j'avais à dire de cette grande artiste laborieuse, vaincue par Mlle Agar, aux Français. Je la suivrai dans tous ses rôles comme je l'ai suivie dans ceux qu'elle vient de jouer, cette semaine, à l'Odéon. Beauvallet, qui jouait avec elle, mérite un signe d'applaudissement de la Critique; mais, aujourd'hui, que tout ce feuilleton soit à Karoly!

Ils l'ont assez repoussée, assez isolée, pour qu'ici je l'isole... dans la louange et dans la justice qui lui est due. Je l'isole, pour mieux la faire voir !

LE BATARD

Dimanche, 26 septembre 1869.

I

C'était samedi soir — précisément le jour où l'article Théâtre paraît le matin au *Nain Jaune* — qu'on a joué à l'Odéon le drame de M. Alfred Touroude. La semaine entière s'est écoulée et tous les critiques ont dit leur mot sur la pièce, et, à bien peu d'exceptions près, leur mot favorable. Le succès a été constaté ; le jeune homme, car M. Touroude est un jeune homme, introduit dans le monde dramatique ; et le public qui ne s'y connaît pas a ratifié, par l'émotion qu'il vient chercher tous les soirs à l'Odéon, l'opinion de ceux qui s'y connaissent.

On l'a dit, la pièce est mal faite, mais intéressante. On y trouve une gaucherie et une ignorance du métier par trop virginales pour un auteur dramatique qui n'est pas si vierge que cela, puisque, deux fois, il a abordé le Théâtre dans sa ville natale du Havre, et je ne sache pas que les choses de théâtre se pratiquent autrement au Havre qu'à Paris. Paris est un fat qui le croit peut-être, mais c'est toujours, allez ! et passez-moi le mot, la même rocambole que ce triste métier, qui devient de plus en plus impossible et qui consiste à nouer des intrigues et à opposer des situations selon certaines formules. Les connaisseurs ès constructions dramatiques se sont surtout scandalisés d'un dernier acte, tout entier sans femmes :

« Pas de glaces, bon Dieu ! dans le fort de l'été. »

Ne sachant que faire des siennes, l'auteur les a laissées là. Elles ne sont pas revenues. Un grand crime, diable! pour les amateurs. L'affaire s'est terminée entre hommes... Pas donc de métier! ont dit les docteurs; rien de cet arcane du métier exigé par ce public français, à cheval sur toutes les conventions, et qui a inventé la contredanse et les trois unités. La contredanse et les trois unités durent toujours. Pas de métier... mais du talent, de la flamme, du pathétique, de la vie enfin et une combinaison *pensée*. L'idée de la bâtardise, cette vieille idée qui n'avait pas pu se tenir debout depuis *Antony*, a été reprise par M. Tou-

roude et replantée sur ses pieds avec une vigueur...
maladroite, oui! mais il faut estimer la vigueur,
même dans la maladresse. Elle y est encore belle.
Et je le dis franchement, — car je suis las des gens
de métier sans talent, mystérieux bonshommes,
francs-maçons des planches, qui savent emboîter
une pièce dans ses rainures, comme ils disent, — si
le jeune homme du *Bâtard* avait eu un style plus
net, plus rapide, plus coupé à plans aigus, moins
déclamatoire de la déclamation des mauvais maîtres, je me soucierais bien qu'il n'eût pas encore
de métier!

Je trouverais même cela bon. Après les petites
roueries connues qui ne font illusion à personne,
je ne hais pas, si l'auteur est jeune et a de l'âme,
un peu de tremblement de main et d'ingénuité.

II

Mais ce qui m'a frappé plus que le talent même,
dans le drame de M. Touroude, c'est la question
morale qu'il y a agitée, et avec une puissance
relative qui fait honneur à sa jeunesse. Quoiqu'il
soit un romantique en retard par le style et par la
tirade ambitieuse, son drame d'aujourd'hui n'est

pas du tout le drame romantique dans sa notion double et complexe. Le drame romantique admettait le rire tout près des larmes, le burlesque à côté de l'horreur. Le masque du drame romantique était fait des deux masques fondus de la Tragédie et de la Comédie classiques. Et il n'y a pas dans tout le drame de M. Touroude un seul mot pour rire. Il file droit dans le sérieux, se heurtant çà et là à quelques situations pathétiques, évitant le dénouement tragique qui, dans *Antony*, par exemple, est d'une si farouche grandeur. Le drame de M. Touroude est une tragédie bourgeoise et familière tel que l'entendaient de leur temps Lachaussée et Diderot, mais avec une portée plus grande, dans l'intention, que celle de ces moralistes inférieurs. Tel le mérite particulier du jeune auteur et le caractère de la pièce. Il est moraliste avant tout, et il s'est colleté dramatiquement avec une question morale terrible. Il a pris le taureau par les cornes, — c'est déjà quelque chose! Mais il ne l'a pas renversé.

La question de la bâtardise, qui a tenté M. Touroude par son importance et par sa profondeur, est, en effet, de toutes les questions qui nous oppressent, la plus lourde qui puisse peser sur la pensée des moralistes et des législateurs. Siècle bâtard que nous sommes nous-mêmes, qui avons voulu l'être, puisqu'en détruisant la famille chrétienne telle qu'elle était constituée autrefois, nous essayons d'en refaire une autre avec ses débris, mais en vain! C'est un travail qui fond sous nos mains, un casse-tête chinois dont nous ne sortirons jamais nos fronts fatigués. Nous avons, un matin, d'un seul coup de plume, supprimé nos ascendants en établissant l'égalité de tous devant la loi; nous avons arraché le ciment et gardé et compté seulement les grains de poussière, et nous avons cru pouvoir faire une autre famille après cela! Avec nos étroites et sentimentales idées de justice individuelle, nous nous sommes pris de pitié pour le bâtard, ce grand malheureux solidaire contre lequel sont encore les mœurs, les mœurs, plus fortes que les lois, et qui durent, anciennes et obstinées, même sous les lois nouvelles. Dans cette question de la bâtardise, pauvres myopes que nous sommes! nous n'avons vu que l'intérêt privé de l'enfant; nous n'avons pas vu une question bien autrement haute : la question de la paternité, cette fonction sociale... Matérialistes à qui le sens spirituel échappe, nous avons dressé, dans nos drames et dans nos réclamations, contre le père, le fils de la chair en face du fils de la loi, et M. Touroude comme les autres! Lui, M. Touroude, qui a fait mieux que les autres pourtant, — qui a fait dire à son bâtard un mot qu'on n'avait jamais entendu à la scène et que personne n'y avait mis dans la bouche des fils, s'adressant à leurs pères à genoux comme c'est la coutume : « *Mais relevez-vous donc, monsieur, vous m'humiliez!* » M. Touroude a lui-même manqué le père comme les autres, et le père était toute sa pièce!!!

III

Mais faites donc un père, dans cette société décapitée des pères par les fils! faites donc un père digne au Théâtre, qui y soit ce que le père doit être, — ce qu'il était, par exemple, sur l'ancien Théâtre, alors que les mœurs dictaient sublimement au génie de Corneille et de Molière des types de père comme celui du *Menteur* et comme celui de *Don Juan!* Faites-en un, voyons! Voyons comme vous vous y prendrez! L'auteur obligé de le mettre en scène en souffrira lui-même, si ses instincts sont restés droits, quelques spectateurs en souffriront, mais le père, à la scène, est maintenant impossible. Il y est, quand on l'y met, ou l'*égal* de son fils ou au-*dessous* de son fils, comme dans cette pièce du *Bâtard*, où il est, positivement, fustigé par son fils. Toujours la situation du père, quoi qu'on fasse, sera inférieure au Théâtre moderne, parce qu'elle est réellement inférieure dans la société. Dans la société, cette paternité désarmée, cette royauté fainéante est tombée dans la camaraderie, dans le tutoiement, dans le bras dessus, bras dessous, des tendresses sans respect. Les fils les meilleurs y traitent leurs pères d'amis, et, comme le progrès est la vérité et la loi glorieuse, ils les méprisent un peu, au fond, et entre jeunes gens les appellent des vieux, — même ceux-là, j'ai dit les meilleurs! qui ne souhaitent pas leur héritage. Chez les sauvages, on tue les pères par respect : respect terrible, mais respect encore! Mais dans les sociétés progressives, on fait mieux que de les tuer, on les méprise. On vous les *expédie* légèrement, avec le poison du mépris.

Certes! dans une pareille société, quand un père est coupable, — car il est coupable, celui-ci, je ne le nie pas, vis-à-vis de la femme qu'il a trompée et de l'enfant qu'il a abandonné, — que voulez-vous qu'il devienne au Théâtre? Il s'y abîme humilié devant son fils, comme dans ce *Bâtard*. Il s'y abîme, mais avec lui s'enfonce la Paternité!

Là est le problème. Là le Sphinx. Mais, par Dieu! avec vos idées que le fils de la chair corrompue en ses voies, que le fils du père libertin est l'égal et le frère de l'autre fils, du fils du Père de l'Institution, de la Loi, du Sacrement et de toutes les Légitimités sociales, je vous porte bien le défi, ô poètes dramatiques de mon époque! de sortir de la difficulté.

LA FIÈVRE DU JOUR

SCAPIN MARIÉ

Dimanche, 21 novembre 1869.

I

Pour mon premier article dans ce journal[1], j'aurais voulu un feuilleton de fête, — des éloges à donner et non pas des vérités sévères à dire. Mais j'ai vu la *Fièvre du jour*... Ah! c'est à l'attraper d'impatience, la fièvre, que d'assister, comme je l'ai fait hier, à la succession d'absurdités et d'inepties qu'on brasse en cette malheureuse pièce. Ce n'est pas même un tissu d'absurdités que le drame de MM. Belot et Nus; car, dans un tissu, les fils se tiennent, et ici c'est un effilé, c'est une charpie d'absurdités qui ne tiennent pas les unes aux autres. C'est un empilement d'invraisemblances. de choses et de monde impossibles.

Voulez-vous que nous les comptions?

1. *Le Parlement.*

II

Le sujet de la pièce était beau pourtant, si le titre était suranné. La *fièvre du jour*, c'est le jeu de Bourse, ce vice du siècle ! Voilà ce qu'ont voulu peindre, pour en donner l'horreur, j'imagine, ces forts moralistes, MM. Nus et Belot. C'est contre cette fièvre-là qu'ils ont préparé leur quinine; c'est de cette fièvre-là qu'ils ont voulu dire, mais moins drôlement que Trissotin de celle qui tenait la princesse Uranie :

> Si vous la conduisez aux bains…
> Noyez-la de vos propres mains !

Mais eux, ils ne l'ont pas noyée. Leur pièce n'a pas été *les bains*. Leurs *propres mains*, et ils en ont quatre à eux deux, — ils sont quadrumanes, — n'ont pas été assez fortes pour cette exécution. La *fièvre du jour*, puisque fièvre il y a, a d'autres symptômes, d'autres énergies et d'autres accès que les petits tremblements qu'on trouve dans la pièce de MM. Belot et Nus, toute secouée qu'elle puisse être par les claquements de dents de Mlle Fargueil.

Quand on a vu ce qu'on voit journellement dans ce temps-ci ; quand la *Gazette des Tribunaux,* cette histoire inflexible de la moralité publique, dresse pour les générations futures l'inventaire des grands vols de la génération présente; quand, tout à l'heure, il n'y aura bientôt plus dans cette malheureuse société, folle de luxe et frénétique de vanité, que d'énormes crimes d'argent causés par la rage de la spéculation, il fallait, si on était des poètes dramatiques ayant du sang sous les ongles, nous donner un peu plus que des caissiers à sentiment qui volent pour *le petit*, comme dit Thérésa dans sa chanson, et pour le petit qui n'en a pas besoin ; car M. Paul André n'a pas l'horrible et grande excuse de la misère, — cette excuse qui est presque une innocentation ! Il est dans l'aisance ; il partage la vie et le luxe de son patron et de son ami, l'agent de change Mercier.

Puisqu'on tentait de faire une étude sur le vice du temps, sur la *fièvre du jour,* on aurait cru que les auteurs auraient montré dans le triste héros de leur pièce quelqu'une de ces passions qui sont comme des trous dans la tête et dans le cœur des hommes, par lesquels s'échappent leur honneur et leur moralité. Eh bien, on se serait lourdement trompé ! L'invraisemblable caissier de la *Fièvre du jour* est un tourtereau de caissier. C'est un pauvre et doux homme, qui adore sa femme, et qui prend, sans doute pour le bien-être futur de la couvée dont il est le père, la bagatelle de deux cent mille francs. Franchement, c'est là un caissier d'Arcadie! Nous avons vu mieux.

Il a joué à la Bourse, il a perdu, il est désespéré et il veut se tuer imbécilement pour ces deux cent mille francs... Il n'y a pas de quoi, n'est-ce pas? Messieurs les caissiers de ce temps ne se tuent pas pour si peu, ni même pour davantage! Ils s'en vont, les poches pleines, en Amérique, ce Champ d'Asile de tous les coquins. Invraisemblable donc de vouloir se tuer, le caissier de MM. Belot et Nus l'est encore plus de ne pas rentrer chez lui pour mettre à exécution son idée, et de se tirer là, — tout de suite, — dans le jardin même de l'homme dont il est l'employé, — un coup de pistolet que sa femme, qui passait *vraisemblablement* par là, détourne, prend à son compte et se vante d'avoir tiré... « N'avez-vous pas un tir au pistolet chez vous?... » dit-elle à la société ébahie, soulevée au bruit du pistolet, et qui ne manque pas de la croire... à son trouble.

Et ce n'est là que le premier acte. Vous voyez si cela commence bien!

III

Cette absence inouïe de vraisemblance, qui continue, du reste, pendant toute la pièce, et à laquelle s'est ajoutée une précipitation scénique due au jeu des acteurs, avait rendu la fin du premier acte tellement obscure que, quand le rideau s'est baissé sur le tohu-bohu de ce coup de pistolet, on avait besoin, pour le comprendre, qu'il se relevât... C'est, en effet, dans la scène des confidences entre le mari et la femme qui ouvre le second acte, que ce coup de pistolet ambigu a été expliqué. Ces confidences, qui se font à voix haute dans le salon de l'homme que M. Paul André a volé, ne sont pas seulement invraisemblables : elles sont d'une imprudence qui touche à la folie. Seulement, elles seraient pathétiques, après tout, quoique d'un pathétique assez vulgaire, si la scène de ces aveux, arrachés plutôt que livrés, ne commençait pas par la plus impatientante absurdité. Clémence, la femme d'André, qui doit s'y montrer la femme supérieure, Clémence, à qui le rôle du mari est entièrement sacrifié, Clémence qui est l'homme, et même qui l'est trop, cette dame... s'y montre d'abord terriblement bestiote. Cette femme (si intelligente!) d'un caissier, lequel, il y a dix minutes, essayait de se brûler la cervelle, ne se met-elle pas à demander, pendant je ne sais combien de temps, à son piètre mari accablé, pourquoi donc il voulait **mourir**, comme si c'était bien difficile de le deviner! comme s'il y avait dans la salle une seule petite fille de douze ans qui ne sût pourquoi!

Oui! la sotte qu'elle est, cette femme supérieure, pousse même la fatuité de femme jusqu'à demander si c'est pour elle que son mari voulait se tuer, et là-dessus elle le pousse de questions, elle le harcèle, elle l'interroge, et Mlle Fargueil, au lieu de glisser vite sur ce passage, l'a ponctué de ses gestes pointus, faisant de toute sa maigre personne un point d'interrogation, bossu comme la fée Carabosse! Dans la salle, on disait : « Comment! la sotte ne devine pas? » et on piétinait... Ce passage absurde — car je suis obligé, à mon grand regret, de maintenir les choses, et les mots qui les expriment — a gâté profondément la scène où la femme a fini par redevenir ce qu'elle devait être, mais où le mari, ce tourtereau aux instincts de pie, se révèle dans une si niaise sentimentalité et dans une si honteuse impuissance, que tout intérêt pour un pareil homme est absolument impossible. Ce caissier qui ne fait que pleurer, ce petit garçon devant sa femme, cet être gluant qui se colle à elle pendant les quatre actes que dure la pièce, abaisse jusqu'au personnage de Clémence ; car il est des lâches que les femmes ne sauraient aimer sans se dégrader immédiatement. Paul André nuit évidemment à l'effet de la catastrophe qui va atteindre sa famille. Quand la pensée de le sauver à ce prix que nous allons savoir tout à l'heure traverse la tête de Clémence, la hardiesse du moyen qu'elle ne craint pas d'employer a d'autant plus révolté le public que le mari était plus indigne d'un dévouement comme celui-là.

Il y a, en effet, dans la *Fièvre du jour*, une espèce de don Juan bourgeois qui a déjà fait, sans succès, la cour à Clémence; c'est le beau-frère de l'agent de change Mercier. M. Savard, si on l'accepte comme les auteurs l'ont donné, est un railleur et un incrédule absolu à la vertu des femmes, et il la respecte si peu qu'il parle à sa sœur, laquelle n'est encore qu'une tête frivole, comme il parlerait aux drôlesses avec qui probablement il a toujours vécu. Or, ce Savard est très riche, et les deux cent mille francs pris dans la caisse de Mercier sont les siens, qu'il vient redemander à Paul André pour le lendemain.

Eh bien, croyez-le si vous voulez! c'est ce Savard, repoussé longtemps par elle, qui devient pour Clémence un moyen de salut. Elle a cherché partout autour d'elle les deux cent mille francs qu'il faut à son mari et qu'il est impossible — on le comprend — de trouver comme cela en vingt-quatre heures, mais elle tient Savard par l'amour; elle va exploiter sa convoitise... Elle aura les deux cent mille francs. L'irréprochable épouse rendra à son mari dévouement pour dévouement. Il a volé pour elle; elle se vendra pour lui. Et voilà comme le Sentiment sera toute la morale d'une pièce qui avait la prétention d'être un drame de haute moralité! Voilà comme il mettra son nimbe d'attendrissement bête autour de cette tête détraquée de femme, qui s'imagine que le dévouement (et le plus dégoûtant dévouement) est l'héroïsme du devoir et le sublime de la maternité!!

Et ici je parlerai moins à M. Belot qu'à M. Nus. M. Belot est un fabricant littéraire. Il fait des feuilletons et des drames comme on en fait quand on veut vendre ses produits et être populaire. Pourvu que ses machines aillent à peu près et saisissent le public et ses curiosités grossières, tout est bien. Mais M. Nus, à ce qu'il paraît, est un philosophe, quoique vaudevilliste, et ses amis les vaudevillistes l'appellent pompeusement un penseur.

Comment donc M. Nus, le philosophe et le penseur, a-t-il osé mettre à la scène, pour la faire admirer, une femme qui prend le parti de se vendre pour sauver l'honneur de son mari et le nom de ses enfants? Comment M. Nus n'a-t-il pas tremblé en risquant un tel personnage?... Eh quoi! dans une société comme la nôtre, dans une société sans principes, qui n'a plus pour gouverner ses actes que son ambulatoire sensibilité, dans une société pourrie jusqu'au nœud de la gorge par le sentimentalisme le plus lâche et le plus faux tout à la fois, le philosophe Nus ne craindra pas de la pourrir un peu plus encore, en offrant à tout son intérêt une femme qui veut racheter l'honneur de son mari avec son propre honneur, à elle?... Pauvre M. Nus! Il est bien, lui-même, de son temps. Il n'a pas plus de morale dans la tête que les autres débraillés de notre époque... Certes, oui! il est des devoirs envers un mari et des enfants. Mais ils ne sont pas les seuls. Il y en a aussi envers soi-même, et — disons le mot auquel on ne croit plus — envers Dieu! Et ceux-là ne peuvent jamais être sacrifiés aux autres. Ils sont même les premiers dans l'ordre des devoirs. Regardez au fond! Le dévouement, pour qu'il soit grand et mérite d'être admiré, ne doit jamais être que du devoir sublimisé, le sacrifice de l'être entier à un devoir, et non pas à des affections, si légitimes fussent-elles. Une femme, dans quelque circonstance qu'on la place, *n'a pas le droit* de préférer ou son mari ou ses enfants à cette vertu qui est la femme même, au devoir vis-à-vis d'elle-même et de Dieu ! Si elle préfère ses affections à ce devoir, elle n'est plus qu'une femelle sensible. Est-ce là l'idéal de la femme pour M. Nus?... Elle n'a pas plus d'honneur en se vendant pour sauver l'honneur de ses enfants, que son mari en volant pour leurs futures jouissances. Tout cela se vaut, allez ! La femme est tenue à une pudeur éternelle. Jeanne d'Arc a sauvé la France et l'honneur de la France, mais si on lui avait dit, à cette vierge : « Vous ne pourrez sauver l'honneur de la France qu'au prix du vôtre », elle aurait refusé !

IV

Et le public, si peu moral qu'il soit, l'a compris. Il a écouté impatient et inquiet la scène où Clémence fait l'hypocrite de coquetterie avec Savard, qui devient, à son manège, le Jocrisse que sont tous les don Juans quand une femme leur fait ses grimaces... On a dit que Félix avait joué supérieurement cette scène, et qu'il en avait diminué autant qu'il l'avait pu l'affreux mauvais ton et l'indécence. Cela n'est pas vrai. Que Félix ne croie pas ces flatteurs! Il a joué bassement toute cette scène. Il a eu le regard obscène et l'humilité rampante de Tartuffe. Il a pris des attitudes ignobles devant cette femme à qui il croit plaire, se recroquevillant et mettant son menton sur la table qui les sépare, disgracieux, laid d'expression, outrageant presque de geste quand il veut lui prendre la main; non plus fascinant comme le beau serpent d'Ève, mais comme un crapaud! Ah! je le sais bien que la scène n'était pas facile, mais Félix a du talent. Il devait mieux comprendre. Il devait se nettoyer de ses auteurs, s'essuyer des ignominies de cette scène où il y a des mots abominables : *Le portier ne voit pas. Il demeure au fond de la cour.* La salle a eu des haut-le-cœur de ces baves. Mais tout cela n'était que le prélude de la scène de l'appartement de garçon chez Savard, où Clémence arrive et dit le mot qu'elle n'a pas dit encore et qui fait pousser le cri du dégoût à toute la salle : « Achetez-moi! »

Ah! cette Clémence, du reste, je l'ai vue ailleurs. — C'est tout simplement Mme Hulot chez Crevel, dans les *Parents pauvres*. L'idée même de leur héroïne n'appartient donc pas à ces pauvres auteurs, qui prennent, comme leur caissier, dans la caisse de Balzac, et qui gâtent et salissent ce qu'ils prennent. Mme Hulot, aussi, fait de la morale de femme; elle confond, comme tous ces malheureux êtres sans réflexion, le dévouement avec le devoir. Mais elle, qui sait que Crevel la désire depuis quinze ans, elle espère qu'il sauvera ses enfants sans exiger ce qu'elle redoute plus que la mort; elle espère en la générosité de ce grotesque et égoïste Crevel; elle cherche une fibre généreuse dans ce gros ventre corrompu, — et, en la cherchant, comme elle s'ensanglante dans ses pudeurs déchirées! Mme Hulot ne dit pas nettement comme Clémence le mot : « Allons! achetez-moi! » et elle le dirait, d'ailleurs, dans le roman, qui va bien plus au fond des cœurs et de leurs mobiles que le drame, qu'à la scène, Balzac ne l'aurait jamais prononcé. Infériorité du Théâtre! On n'y peut pas avoir les audaces qui nous enlèvent dans le roman. A ce mot : « Achetez-moi! » de Clémence; « ma mise à prix est de deux cent mille francs! » (j'ai promis de compter les invraisemblances), Savard, avec une simplicité de millionnaire idéal, avec un *lâché* de Turcaret heureux, les allonge sur-le-champ, les deux cent mille francs, ce qui est déjà incroyable, mais ce qui va être dépassé par ce qui suit : car voyant que la femme qui les a pris d'abord, puis qui veut les rendre, et qui se tord et qui sanglote et n'est pas du tout disposée à tenir les conditions du marché, il s'exécute... paf! et les donne en l'honneur seul de la vertu de Clémence, lui, le Méphistophélès de carton verni, qui ne croyait pas à la vertu des femmes !

Et avec l'irrévérence d'un maraud qui parle des choses saintes, il dit, ma foi! de sa conversion, comme s'il était saint Paul, le drôle! « *C'est mon chemin de Damas !* »

Et la comédie a fini sur cette impertinence, — qui, à elle seule, valait le sifflet.

V

Mais, soyez tranquille ! tout ce qui le valait l'a eu, à la fin de la pièce. On a sifflé très dru pendant qu'on claquait comme on claque aux premières représentations.

Les acteurs ont été rappelés par politesse, — une politesse qui ne doit même plus **leur** être douce tant elle est usée ! tant elle signifie peu ! tant elle tourne à la rocambole ! J'ai dit ce que je pensais de Félix dans les scènes difficiles. Il avait joué avec son aisance et son mordant le premier acte, mais, les difficultés venant, il s'est effondré. Mlle Fargueil, qui est si fausse quand elle parle naturellement, a fini pourtant par tirer du fond de ses talons quelques cris vrais. Mlle Cellier était dans toute la splendeur de ses belles dents et de son insignifiance ordinaire. Une autre actrice, Mlle Chapuis, qui travaille beaucoup trop ses yeux noirs et dont personne ne s'est occupé beaucoup dans la pièce, était la réserve pour le mariage final, exigé par la routine. Savard l'épouse pour épouser quelqu'un, et c'est sa sœur, Mme Mercier, qui fait sortir un amour très inattendu pour Savard de cette petite boîte fermée où il ne disait mot et ne remuait pas. Munié fait ce qu'il peut du rôle de l'agent de change, qui quête malproprement un enfant à sa femme et lui demande à chaque instant cette *charité, s'il vous plaît!* Parade est le meilleur de tous. Il fait le comte de Rivière, le père de Clémence, un vieux joueur de l'ancien régime, grimé et costumé en perfection. Ce vieux joueur décavé à jamais, ruiné, perdu, rôti, fricassé, mais, comme tous les joueurs, éternellement à califourchon sur l'hippogriffe de l'espérance dont il a fait une rosse, mais qui va toujours, passe son temps à combiner des coups et à inventer des martingales à faire tout sauter! C'était là une figure heureuse, pour peu qu'elle eût été traitée avec profondeur. Mettre le jeu d'autrefois en présence du jeu d'aujourd'hui, c'était une idée. Mais les auteurs l'ont ratée comme les autres. Quant à ce pauvre et très intéressant Desrieux, qui a du feu et de la distinction et qui s'est laissé infliger le rôle pleurard du caissier, on ne noie pas un acteur dans les larmes d'un rôle imbécile mieux que cela.

C'est moi qui ne le jouerais plus !

VI

Maintenant, simplement *pour mémoire* :

Ils ont donné l'autre jour à l'Odéon une pièce en un acte, — une papilote : — *Scapin marié*, de M. Laluyé. Que vous en dirais-je ? Je trouve impertinent de mettre une *rallonge* à Molière. Je trouve impertinent d'en mettre à Beaumarchais ; car il y a, je crois, quelque part, un *Figaro marié*. Ne touchons pas au génie ! Nous nous casserions le nez. M. Laluyé, qui s'est cassé le sien, l'a enfoncé dans une molle et flasque poésie. Scapin le vert, le gaulois, le rabelaisien, Scapin est devenu romantique, Alfred de Musset, roucoulant des vers au clair de lune, dont il veut faire un jupon à la beauté de sa femme. Pouah de cette poudre d'iris !

Ah ! si Molière revenait, quel coup de pied !

LA VIE DE CHATEAU

FROUFROU

Novembre 1869.

I

Toutes les nouvelles de la semaine se réduisent à la *Vie de château*... Mais, de par Dieu ! je ne veux pas vous raconter cette... Comment appellerais-je cela?... Ce n'est pas une pièce qu'on vous joue ; c'est une pièce qu'on vous fait. C'est — écoutez-moi et croyez-moi ! — la plus longue, la plus embrouillée, la plus rabâchée et la plus triste bouffonnerie qu'ils aient encore donnée au Palais-Royal, où tout est permis... jusqu'aux excès de la bêtise. De la bêtise ? ce n'en est plus ! c'est de la chose inexprimable... L'état-major des excellents farceurs qui nous secouent le mieux la rate et nous

vident le réservoir de fiel, les Lhéritier, les Gil
Péres, les Hyacinthe, les Lassouche, ont passé
là dedans pourtant sous les défroques les plus
comiques, mais il n'y a que cela de comique. Ils
sont, eux, lamentables ! non de leur fait, mais de
celui de leurs auteurs.

Et l'état *minor*, mais *pulchrior*, de ces joyeuses
farceuses dans un autre genre : Silly Blanche
d'Antigny, Julie Baron, n'a été ni plus gai ni
plus enlevant. Silly y a perdu sa verve et ses
yeux lumineux, ronds comme deux chatières; Julie
Baron, l'exhibition de ses moulures; et Blanche
d'Antigny... rien du tout ! Cependant, on avait
combiné le grand coup que j'appelle la dernière
raison des Directeurs et des auteurs dans l'embarras, comme le canon est la dernière raison des
rois : « *Ultima ratio regum* ». On avait promis
des Tableaux vivants : le groupe de Carpeaux —
sans la tache d'encre — et Phryné devant l'Aréopage. Cette Phryné surtout, avec son costume...
d'air et son odeur de chair fraîche, avait fait ouvrir dans la salle les yeux et les narines aussi
grands que les bouches qui bâillaient. Mais ces
Tableaux vivants, sur lesquels la haute polissonnerie des forts amateurs avait beaucoup
compté, manquait de bravoure. Ce n'était que de
l'indécence à mi-corps. Aussi les ogres ont-ils
sifflé !

Mais, qu'importe! après tout. La pièce imbécile et sifflée — une orgie de crétins! — continuera, comme la *Fièvre du jour*, le premier *jour* sifflée, d'être jouée, malgré les sifflets. Mœurs théâtrales des plus charmantes! Le sifflet était autrefois une justice que ceux contre qui elle était faite comprenaient, tout en la subissant, tandis qu'à présent ce n'est plus qu'un turlututu sans portée et sans influence.

Avec une effronterie qu'aucun valet ou aucune soubrette de leurs comédies n'égalera jamais, les Directions de Théâtre, le lendemain d'une sifflerie, ramassent et resservent impassiblement au public sceptique, ennuyé et qui se laisse tout faire, les rebuts des sifflets de la veille, que, dès la seconde représentation, ce même public avale, sans siffler et même sans souffler! Impudence d'un côté, indifférence de l'autre! Le sifflet ne signifie plus rien, pas plus que l'applaudissement, pas plus que le rappel des acteurs. Rien ne signifie. Tout est mort au Théâtre de ce qui y vivait, et l'Art s'éteint par les deux bouts! Par en haut, sous l'*usé* de situations connues, archiconnues, épuisées, à dégoûter Dumas lui-même, et par en bas, sous la décrépitude des traditions et des coutumes. Sifflets, applaudissements et pièces, ne sont plus à présent que masques vides et conventions qui ne trompent personne!

Et ceci est la *fin de tout!* — et c'est encore plus triste que ce qu'ils ont joué cette semaine au Palais-Royal.

II

Cependant, il est parfois, de temps en temps, dans la ruine pendante du Théâtre qui croule, des regains d'Art qui poussent et fleurissent, et, précisément, cette semaine, j'en ai vu et respiré, une de ces giroflées dramatiques ! Je ne l'avais pas vue, le jour où, pour la première fois, tout le monde l'avait respirée. Je n'avais pas été témoin de l'enchantement du premier soir. Je n'étais point à la première représentation de la pièce de MM. Meilhac et Ludovic Halévy qu'on joue présentement au Gymnase. Je n'avais pas eu la sensation vierge de cette première représentation, qu'en fait d'émotion rien ne peut remplacer, mais, quoique attardé, je n'en ai pas moins voulu voir cette *Froufrou*, qui ne fait pas seulement *froufrou*, mais *pan! pan!* comme succès. J'ai *voulu voir* et *j'ai vu*, comme Athalie, — mais je suis plus content qu'elle de ce que j'ai vu !

Et laissez-moi vous en parler. C'est vraiment

charmant, ce que j'ai vu ! C'est léger, svelte, élégant, gai, marchant bien, filant comme une frégate sur la mer bleue, pendant trois actes délicieux, trois actes parfaits, trois actes à racheter les deux qui suivent; car il y en a deux qui suivent, hélas ! car la légèreté, la sveltesse, l'élégance, la gaieté, tout a sombré, au quatrième acte, dans le mélodrame. Patatras ! O chef-d'œuvre en pièces !!!

Que voulez-vous ! c'est le Destin.

Oui ! c'est le destin, — l'implacable destin des comédies de ce temps. Le Mélodrame, c'est le Minotaure qui dévore toutes les comédies, les unes après les autres, et tous les essais qu'on en fait. Ah ! s'il y en avait une qui devait échapper au Mélodrame, c'était celle-ci. Le char de la Reine Mab n'était pas plus léger ! C'était cette *Froufrou* spirituelle et piquante, et capricieuse, et mutine, et enfant gâtée, et Parisienne, et bulle de savon, et phosphore, et diablerie, et rien du tout, et tout pourtant pour nos pauvres cœurs et nos pauvres imaginations, qui ne sont rien du tout, non plus !

Et pourtant, non ! L'agaçante et jolie fillette qui s'annonçait adorablement pour être enfin cette chose rare, impossible, contre laquelle tous se brisent, cette nonpareille, non pas des Florides, mais du Théâtre actuel : — une Comédie ! — a été mangée comme les autres par ce monstre de Mélodrame. Le Mélodrame l'a prise à la ceinture de son troisième acte, et n'a fait que deux coups de dent de son gentil corsage, qui se gonflait et palpitait, et promettait, et déjà même tenait ! C'était, d'honneur, à faire pleurer ceux qui étaient venus là pour sourire et rire... Ils ont pleuré d'autre chose dans la salle, pendant ces deux derniers actes, qui sont bien faits, après tout, comme mélodrame, et qui les ont touchés en pleine âme. Mais, ma foi ! ce n'est pas de cela qu'il fallait pleurer.

Il fallait pleurer l'oiseau bleu parti, la ravissante comédie... ravie ! Il fallait pleurer le succès de cette pièce, qui en a deux : d'abord le succès de sourire et de rire, pour lequel, celui-là, il ne faut pas pleurer ! et ensuite le succès de larmes, que je trouve de trop ; car je suis toujours un absolu et un unitaire, et des deux succès, je n'en eusse voulu qu'un.

Il y en a un troisième encore, c'est celui des acteurs ; mais, celui-là, je ne veux pas le supprimer !

III

La pièce de MM. Meilhac et Halévy est jouée avec un talent que celui des auteurs a dû inspirer. C'est joué, jusqu'à l'arrivée du mélodrame, sans appuyer, comme c'est écrit. Légèreté sur légèreté, fleurs sur fleurs ! — MM. Meilhac et Halévy, ces esprits parisiens du dix-neuvième siècle, ne ressusciteront pas, je le crains bien, le grand rire de nos pères, et ce n'est pas devant cette toilette en dentelles du théâtre du Gymnase que ce grand rire pourrait s'élever.

Mlle Desclée, qui fait Froufrou, Mlle Desclée, qu'on m'avait trop donnée pour un phénomène, et qui n'égale pas à beaucoup près Mme Pasca, incomparable dans la *Fanny Lear* des auteurs de *Froufrou*, a enlevé avec beaucoup de grâce son rôle de Froufrou, ce poème de la frivolité triomphante. Mais j'avais rêvé une grâce plus violente que la sienne, tant qu'elle est gracieuse ; car elle est violente avec sa sœur quand la comédie tourne au mélodrame, mais alors, la grâce s'est envolée ! Elle a filé sur ses ailes roses. Froufrou chiffonnée, aux plis cassés par la passion, n'est plus Froufrou. Mais Froufrou dans la joie de la vie, Froufrou, qui doit faire *frou-frou* avec tout son jeu, avec tout son être, comme avec sa robe et sa bottine de soie, Froufrou, ne vous y trompez pas, Mademoiselle ! doit avoir l'impétuosité rapide, le bruit de taffetas et le zigzag de l'éclair...

Auprès de Mlle Desclée, Mlle Pierson s'est tenue sans trembler dans son rôle de comtesse de Cambry, et elle y a été de cette finesse qu'on n'attendait pas, il y a quelques années, de cette Dudu de lord Byron, de cette beauté voluptueuse d'oreiller, qui donne maintenant une volupté bien plus grande que l'autre, l'immatérielle volupté de voir bien jouer ! Seulement, pourquoi Mlle Blanche Pierson, dont les robes prouvent tant de goût et qui a peut-être inventé cette robe d'hier, cette robe pensée, qui en était une, et dont j'ai les yeux pleins encore, a-t-elle chargé sa nuque de ce lourd chignon roux qui semble un boisseau de carottes et qui durcit ses traits si doux ?

Mlle Pierson avait autrefois des cheveux charmants, blond cendré ; est-ce donc qu'ils n'étaient pas sincères ? Entre Mlle Desclée et Mlle Pierson, Mme Fromentin n'a pas défailli. Je me permets de l'avoir trouvée embellie, Mme Fromentin, orientalement embellie ! D'odalisque, elle est passée sultane. Elle a interprété très noblement le rôle le plus noble de la pièce, celui de la sérieuse sœur de Froufrou. Pujol aussi a eu de la noblesse dans le mari, et de la passion, quand l'heure de la passion est venue. Mais de tous, de tous, qui ont, *tous,* montré du talent, il faut bien le dire, celui qui en a le plus montré, c'est Ravel.

Ah! l'excellent comédien que ce Ravel, débarbouillé des farces du Palais-Royal et digne maintenant des scènes les plus élevées et les plus difficiles. Il joue le père de Froufrou, et c'est un papa Froufrou très digne de sa fillette; car c'est un vieux Frivole comme elle en est une jeune, et l'âge a rendu cette frivolité des plus comiques. C'est même le seul comique un peu foncé de cette pièce qui n'a que des nuances de comique. Eh bien, dans cette pièce où les situations sont en général plus spirituelles que le dialogue, ce père de Froufrou, qui protège, en catimini, les danseuses, qui se teint pour n'avoir pas à rougir devant ses cheveux blancs, et qui prie, avec des peurs! sa fille Froufrou de ne pas lui faire trop porter le joug d'une paternité... bien légère, a été compris et rendu par Ravel avec une intelligence, une verve de gestes, d'airs et de physionomie, qui fait sortir, en éclatant, tous les sous-entendus de ce rôle, trop en sous-entendus sans Ravel, mais, avec lui, spirituel et comique comme les intentions des auteurs, aux demi-mots desquels il arrache tout l'esprit et le comique dont ils étaient pleins sans nul doute, mais qui, sans lui, resteraient pleins!

En mon âme et conscience, je trouve Ravel un troisième collaborateur.

LES TURCS

LE FEU AU COUVENT. — LES FEMMES TERRIBLES

26 décembre 1869.

I

Allons! assez comme ça. Je ne les traiterai pas de Turc à Maure, ces *Turcs!* mais de Maure à Turc. Il fallait des sorbets aujourd'hui... mais toujours de ce même vin dont il n'y a plus que la lie. Nous mettons la main sur le verre! Après la *Princesse de Trébizonde*, les *Brigands!* Après les *Brigands*, voici les *Turcs!* Et en quinze jours à peine! C'est trop. Ici, assez est trop encore! Ah! quand une veine de bêtise est ouverte, il y a bientôt hémorragie. Offenbach n'était que la veine, mais l'hémorragie, c'est Hervé! Offenbach, aidé, hélas! de deux hommes d'esprit qu'il a débauchés et auxquels il faut ajouter maintenant MM. Tréfeu et Prével, les auteurs de cette jolie farcette de la *Princesse de Trébizonde,* qui a son originalité; Offenbach, qui a inventé un genre.. stupide, quand l'extrême gaieté, quand la folie dans la gaieté ne le sauve pas; Offenbach est encore quelque chose. Mais M. Hervé, — l'Hervé de ce soir, — flanqué de MM. Crémieux et Jaime, n'est guère plus que le clair de lune... en croissant, d'Offenbach, la grimace d'Offenbach, qui est déjà une grimace, — la grimace d'une grimace. Quel état! Quelle destinée! Le violon d'Offenbach qui fait ricochet! Seulement, voyez! toujours, en tout, l'hémorragie de la bêtise, dans le public comme dans les auteurs, dans la salle comme sur le théâtre... il y a des gens qui préfèrent la grimace de la grimace à la grimace elle-même! Et vous auriez pu vous l'attester, ce soir-là, par le monde qui se culbutait à la première représentation de ces *Turcs.*

Et c'était le beau monde, ma foi! s'il y en a un beau. C'était le monde élevé et même le monde grave, le monde politique, le monde artiste, le monde littéraire, le monde, en fait d'hommes, — car les femmes comme il faut y étaient rares, — qui peut donner l'idée la plus flatteuse de la société parisienne. Ils étaient tous là, piaffant, se pavanant, s'y étalant à des prix de places extravagants, intéressés, passionnés, empressés, courant à cette musique de mauvais lieu en goguette, comme certains animaux, friands de trognons de choux, courent à l'auge. On aurait joué (si on en faisait) quelque chef-d'œuvre au Théâtre-Français, que vous n'auriez pas vu cet empressement, ce frémissement, ce hennissement, cette avidité, cette fringale d'yeux et d'oreilles dans tout ce public tassé là pour entendre... quoi ?... des calembredaines en musique et des calembours en littérature. Ah ! faut-il que l'ennui, l'affreux ennui de la vie moderne, les ait dépravés. Quelle idée la vue d'une pareille salle aurait-elle donnée à un observateur, sur la noblesse de goût de l'Esprit français !... Pauvre Esprit français ! il ne lui faut pas seulement comme à un vieux blasé, comme à un vieux libertin qu'il est, le ragoût des obscénités et des nudités truculentes ; il lui faut aussi le ragoût de la bêtise — de la bêtise dans ce qu'elle a de plus bête ! — pour le rendre heureux.

Aurait-on jamais cru que la bêtise aurait *du ragoût ?*... Il paraît qu'elle en a. On disait autour de moi, non plus le mot : « C'est insensé ! », un éloge d'autrefois ; non ! on disait : « C'est idiot ! c'est infect ! » (je l'ai entendu). Mais on riait, mais on disait cela avec je ne sais quelle tendresse, comme si cet idiotisme faisait jouir encore... comme si c'était encore une petite régalade que cette infection !

Quant à moi, je n'y retourne plus. Que les

autres, s'ils le veulent, aillent à ces spectacles, où musique et langage, et jeu d'acteurs, et toutes choses enfin, se dégradent à plaisir, passent au batelage, se précipitent en bas, se *démagogisent*, tombent dans la fange des farces malpropres et imbéciles ! Pour moi, qui ne suis ni prince, ni homme d'État, ni académicien, je n'en veux plus.

Je m'essuie les yeux et les oreilles et je vais ailleurs !

II

Cela dit, ai-je besoin d'entrer dans le détail de cette immondice musicale et littéraire où il n'y a pas un morceau qui soit la perle, — ce serait trop ! — mais la paillette sur le fumier qu'on pouvait attendre de l'auteur de *Chilpéric* et de l'*Œil crevé?* Si vous en exceptez le chœur des Muets, qui n'est qu'une drôlerie, mais une drôlerie de bon aloi, toute cette musique des *Turcs* n'est bonne que pour Bullier, le jour des cancans les plus déhanchés et des contredanses où l'on fait la roue sur les mains. Vous comprenez que la chose sur laquelle on a plaqué tout ça est *tout ça* aussi ! C'est *irracontable* et indescriptible. Cela n'a ni queue ni tête. Cela n'a que des turbans. Et quels turbans ! Ils ont déshonoré le turban comme ils déshonorent tout, ces farceurs, qui sont — ce qui n'est pas gai ! — les pionniers de la morale de l'avenir. Déshonorer tout : dans l'ordre moral, dans l'ordre intellectuel, et même dans l'ordre physique, voilà leur gaieté et leur art. Si on le permettait, allez ! ils riraient et feraient rire de la croix autant que du turban.

En attendant, ils ont déshonoré, ce soir-là, les vers de Racine, en les cousant insolemment à leurs bouffonnailleries et à leurs coupletaillons. Oui ! les vers de *Bajazet* ont été *baladinés* dans ces *Turcs*. Littérairement, si on peut écrire ce mot-là en pareille matière, les Turcs, avec leur sérails et leurs eunuques, ne pouvaient être qu'un prétexte à petites saloperies, ombragées par le double sens de la langue qui se prête le plus à l'équivoque, et ils l'ont été... Mais si, comme l'a dit M. Victor Hugo, le calembour est une fiente, il l'a été deux fois ici. Et ce n'est pas tout que le calembour indécent ! Les auteurs des *Turcs* ont trouvé très fort de *mettre en turc* les plus basses plaisanteries françaises. Au lieu de dire : « *des navets !* » par exemple, ce mot populaire que la Voix de Dieu (*vox populi, vox Dei !*) emploie, sans trop savoir ce qu'elle dit, cette voix, pour nier ce que vous affirmez et pour vous envoyer promener, ils disent: « *des bananes !* » ou: « *des dattes !* » C'est ainsi qu'ils mettent en turc le pur argot français. Ce n'est pas, comme vous le voyez, ni très inventé, ni très compliqué, mais ce n'en a pas moins paru prodigieusement comique à toutes ces intelligences réunies.

Pour ce qui est des Turcs, c'est-à-dire des acteurs travestis en Turcs, ce sont d'infâmes caricatures, ni plus ni moins que des turcs de carnaval, — et de carnaval en province !

III

Les femmes, il est vrai, sont mieux habillées que les hommes. Elle sont mieux habillées parce qu'elles sont plus déshabillées. Quand la nudité de l'actrice est le grand intérêt du spectacle, il faut bien soigner son encadrement. Il faut bien faire à la nudité cette politesse de voisin à voisine, — du bout de costume qui lui reste ! On avait dû compter sur l'effet des Houris pour le paradis des auteurs. Les Houris qu'on a exhibées seront-elles un paradis pour eux ?

Je l'ignore, mais ce que je sais bien, c'est que

ces Houris n'en ont pas été un pour moi ; c'est que, vues dans la lumière électrique, ces blanches figures ressemblaient à des bustes de cire, éclairés au réflecteur de gaz, dans la vitrine d'un coiffeur. Chétif résultat! La vie surnaturelle, du reste, a été vaincue par la vie réelle. Car Mlle Déveria, qui ne faisait pas une Houri, mais la sultane favorite, Roxane, était plus vivante que ces visages morts, passés au blanc de perle comme des buffleteries à la céruse. Mlle Déveria était aussi une des causes de *l'attirance* de la pièce. Elle revenait de Russie. Gros mérite pour les badauds français! Les Russes l'avaient — disait-on — comblée d'applaudissements et de diamants, et l'Empereur, ajoutait-on, l'avait forcée à décamper comme incendiaire. On voulait voir cette torche, parbleu! Les journaux, qui disent toujours tout et ne savent jamais rien, avaient préparé à Mlle Déveria une entrée superbe... Affaire de *bâtons flottants !*

Ce n'est pas un bâton, pourtant... C'est une grande et robuste personne qui sera peut-être trop grasse demain, et nous ne serons plus en Turquie! Les bras, magnifiques encore, — un collier de la Toison d'or, — commencent même à légèrement s'empâter. Les traits du visage sont réguliers et non sans noblesse... pour faire des choses si peu nobles! Malheureusement, le camée a un peu trop de joues, et quand il chante, la beauté s'enfuit.

Mlle Déveria, pour obtenir, sans doute, des *effets de son,* ouvre une bouche, comme on ouvrirait la porte d'un appartement, à deux battants ! L'appartement est charmant, je le veux bien ! tendu de satin rose, meublé de délicieux ivoires, mais on l'ouvre trop. Il n'a plus de mystères. Que diable ! Nous ne sommes pas dentistes, pour regarder dans tout cela ! Mlle Déveria m'a rappelé cette flûte d'Alcibiade qu'il brisa, parce qu'elle le défigurait. Hélas ! je le crains bien, ce ne sera pas un exemple pour elle. Elle gardera sa flûte. Elle sacrifiera son visage à la musique, et à quelle musique ! *Turquerie,* — ceci, envers elle-même ; car son visage vaut mieux que sa voix, qui est dure dans les tons hauts et qui manque de sonorité pure dans les tons bas...

Cantatrice... pour les sculpteurs !

Mais sur un théâtre où des diamants russes, qui jouaient mal et ne chantaient pas bien, ont été applaudis par la double et inepte raison qu'ils étaient des diamants et qu'ils étaient russes, Mlle Déveria peut très bien être applaudie... même pour sa voix !

IV

L'infortuné Vaudeville, qui reprend de vieilles pièces en attendant qu'il lui tombe... de l'esprit de quelqu'un, des pièces neuves, a repris deux vieux succès pour s'en faire deux nouveaux : le *Feu au couvent!* de M. Barrière, et les *Femmes terribles*, de Dumanoir. Le *Feu au couvent* est un acte que tout le monde a trouvé charmant, parce qu'il a ce degré juste de sentimentalité mouillée qu'il faut impérieusement à cette gaie nation française.

Nous sommes les comiques du Sentiment! Dans cette petite pièce, l'étude de la pensionnaire est très vraie, pleine de mots cent fois entendus, *calque à la vitre* de la réalité, mais rien de plus. Elle a été jouée avec naturel, mais aussi avec *rien de plus...* non plus, par Mlle Hébert, qui court mal en scène quand elle y court et à qui je voudrais plus de grâce et encore autre chose, et par Desrieux, qui donne au rôle du jeune père mauvais sujet l'originalité assez gracieuse d'une mélancolie nonchalante. Les *Femmes terribles* de Dumanoir sont, elles, une pièce de plus d'étoffe.

Les *Femmes terribles*, ce sont les femmes bavardes, les Amazones de la langue, qui parlent trop et créent par là des embarras aux autres et à elles-mêmes. Il y avait là un sujet de pièce comme je les aime, moi qui me moque des vieilles situations, au Théâtre, comme des vieilles pièces qu'on y reprend ! Il y avait là une pièce à dialogue, à esprit dans le mot, à conversations, à répliques. Puisqu'elles parlent trop, ces *femmes terribles*, et que la médisance et l'indiscrétion sont le fond de la pièce, il fallait du bavardage éclatant, et mordant, et endiablant ! quelque chose comme Célimène daubant si joliment tout le monde, entre ses marquis.

Dumanoir ne manque ni de trait ni de saillie, mais il n'a pas de distinction dans les scènes de la comédie où l'on se tracasse de ce bout de langue qui semble la triple fourche du diable. Seulement, entre lui et le grand Molière, il y a la distance qui existe entre Mlle Fargueil et la grande Mars. Cependant, puisque son nom me vient, elle m'a étonné, Mlle Fargueil. Elle a joué, elle, cette prétention ! avec esprit, entrain et légèreté. Ah ! contre le talent il n'y a point d'antipathie. Sans cette diable de voix, — sans cette mélopée qu'elle porte partout, dans la comédie comme dans le drame, je l'aurais trouvée une bonne comédienne ce soir, et — contre les opinions de monsieur mon siècle, bien entendu! — très supérieur dans la comédie à ce qu'elle est dans le drame. Bien mise, d'ailleurs, trop bien mise... en deux robes différentes, — deux de ces robes qui sont, je l'ai dit déjà, des fléaux pour l'Art dramatique; car ce sont ces robes qui sont maintenant les actrices, le croira-t-on? les pieds étaient mal chaussés sous ces perfections... Les pieds ne jouent donc pas la comédie?... Félix, plein de verve, d'une verve qui va jusqu'à la *charge* (casse-cou! je l'avertis!), a été encore plus ce soir-là ce qu'il était aux premières représentations. Il ne diminue en rien, Félix!...

La pièce de Dumanoir, amusante, *mouvementée*, mais d'un imbroglio sans clarté où se dresse cette figure impassible (et impossible) du comte d'Aranda, marionnette qui sort de tous les coins, comme un petit bonhomme d'une boîte à joujou, en disant toujours : *Et son nom, Madame?* n'a plus besoin d'être jugée. C'est une Reprise. Juger des reprises, c'est soi-même en faire. Quand le Vaudeville, à sec, nous donnera-t-il l'occasion de faire des observations neuves sur des pièces neuves?

Tiens! la phrase que je viens d'écrire semble rester en l'air... comme lui.

PARIS-REVUE

Ier janvier 1870.

I

Et en avant! Voici la tête de la colonne qui s'avance : *Paris-Revue!* Tambour-major splendide du régiment de ces *Revues* de fin d'année, qui semblent dire en les narguant, en leur faisant un pied de nez, aux autres spectacles : « Va te promener, grande *dadaise* de musique! Va te coucher, grande bégueule de littérature! » Attendez un moment encore, et vous allez les voir, ces *Revues!* Vous allez les voir tomber toutes à la file les unes sur les autres, comme des capucins de cartes sur une table de jeu, — comme les moutons de Dindenaut dans la mer! Sœurs aînées — mais de bien peu — du Carnaval, carnavalesques elles-mêmes!

C'est l'Année, c'est la mascarade de toute l'année qui va passer, chanter, gambader et folichonner devant vous. Ainsi que l'ont dit, avec tant de conscience et de gaieté, les Délassements-Comiques dans l'intitulé de la leur : *Voilà les bêtises qui commencent!* Car ce sont des bêtises que ces *Revues*, même quand elles sont spirituelles ! ce sont des bêtises, des folies, des furies de gaieté absurde, des choses par-dessus les maisons, les moulins, la pointe des clochers ! « Nous nous permettrons tout, par Dieu ! en désespoir d'avoir une année de plus sur la tête... » Ce sont des orgies pour les yeux, des orgies de couleurs et de lumière, de costumes, et surtout... de déshabillé ; des bacchanales d'épaules et de reins, et de bras, et de jambes, et de tout : le Diable, enfin ! et le Diable de saint Antoine, avec tout son cortège de tentations et de diablesses, comme il y était et se trémoussait, lundi soir, au théâtre impérial du Châtelet.

Oui ! il y était, ce soir-là, — et ce n'est point une plaisanterie ! — il y était, le Diable, en personne, et avec sa femme, en personne aussi et en falbalas, — sa femme, qu'il bat quand il pleut et qu'il fait soleil, dit le vieux proverbe normand[1], mais qu'il n'a pas dû battre ce soir-là ; car il faisait un fier

---

1.   Il pleut, il fait *solet*,
    Le diable est à Celsouef,
Qui bat sa femme à coups de *balet* (ou de *martet*).

soleil, au théâtre du Châtelet, et de pluie, il n'y en a eu d'autre que celle des applaudissements et des bravos. Du soleil, c'est trop peu ! — ce sont des soleils qu'il faut dire et qu'il y faisait, des soleils qui y tournaient radieusement toutes leurs sphères, qui y brillaient et qui y brûlaient, dans des auréoles de rayons. Quel éclat ! Quelles splendeurs ! Quelles surprises dans la splendeur !

Ah ! le Diable de ce soir-là n'était plus le Prince des Ténèbres. Et, bien loin de battre sa femme, ce bon Diable, il se laissait battre par elle ! Il y était cocu, battu, quitté et content comme un simple mortel, — mais je crois que Nestor Roqueplan, ce soir-là, l'a été encore plus que lui...

(Je dis : content; je ne dis pas les autres choses.)

Car c'est à lui, le sage Nestor, qui est encore bien plus Ulysse, l'Ulysse du Théâtre ! c'est à lui, le plus habile, le plus madré, le plus matois, le plus inventif des Directeurs, qu'il faut attribuer ce succès de *Paris-Revue*. C'est à lui bien plus qu'aux auteurs eux-mêmes, qui sont des gens d'esprit pourtant, qui ont fait de leur mieux dans cet arrangement difficile de scènes disparates, qui ont gaiement tourné et timbré leurs couplets, mais qui, sans Roqueplan, n'étaient certainement pas capables de mener à bien, et à si bien, leur aventure ! Ils le savent parfaitement, du reste, et ils n'en sont nullement jaloux.

Tout le temps qu'a duré la pièce, qui a duré jusqu'à deux heures du matin, on a senti, *invisible et présent,* le génie de Roqueplan derrière l'esprit des deux autres, et l'opinion ne s'y est pas méprise. Quand, selon l'usage, ils sont venus nommer les auteurs de ce *Paris-Revue,* quand ils sont venus dire que c'étaient MM. Clairville, Siraudin et Busnach, toute la salle a, d'une voix, ajouté : « Et Roqueplan ! »

Et Roqueplan ! Roqueplan, que nous pouvons appeler maintenant Potemkin, le Potemkin de la mise en scène, qui aurait fait aussi bien que l'autre celle du fameux voyage de Crimée, s'il avait été de ce temps-là, et qui, n'en étant pas, heureusement pour nous ! nous a fait celle du Châtelet !

Il faudrait, ma foi ! être un Prince de Ligne pour vous raconter et vous décrire cette merveille, et je ne connais guère que Roqueplan qui en soit capable. Oui ! encore lui, Roqueplan ! Oui ! toujours Roqueplan ! Oui ! ce Potemkin du Châtelet est encore de tous nous le plus capable d'être son propre historien, son propre Prince de Ligne à lui-même, et d'ajouter, lundi prochain, la féerie d'un feuilleton aux autres féeries de sa pièce. Après nous avoir donné, sur un théâtre éblouissant, le plus prestigieux, le plus amusant des spectacles, il est bien capable de nous le redonner, de nous le répéter dans un feuilleton cassant de lumière ! Allez ! je le connais, Roqueplan. Depuis longtemps, je l'étudie. C'est un de ces fameux *rompus,* comme les aimait et les vantait le vieux Brantôme. Il est capable de bien des choses... si ce n'est de toutes ! Il a bien assez de talent, de ressources et d'aplomb, et d'expérience et de fatuité, qui est une conscience, pour nous faire le feuilleton de sa pièce, et assez de dandysme aussi pour la disséquer et la juger, sa propre pièce ! pour nous retourner et nous montrer à l'envers son spectacle, pour nous l'expliquer, nous dire le mot de ses plus beaux *trucs,* et nous jeter à la tête, en se moquant de nous et de nos illusions, les deux bouts rompus de sa baguette de magicien ! Avec l'esprit inattendu et calculé qui est et qui constitue tout Roqueplan, cela ne m'étonnerait pas, et cela me charmerait.

Quoi, venant de Roqueplan, ce dandy, pourrait étonner ? Car Roqueplan, ne vous y trompez pas ! c'est le vrai Dandy du Feuilleton, parmi tous ceux qui feuilletonisent. Pas un seul qui s'y prenne comme lui ! Pas un seul qui fasse ce qu'il veut, comme lui, dans son feuilleton, et s'y passe, comme lui, ses fantaisies ! De la Critique, il en fait parfois, quand ça lui plaît, — une Critique consommée de mépris aimable et de bontés impertinentes, — mais toujours il y fait de l'esprit sans recherche, et du renseignement piquant, et de l'intarissable et délicieuse anecdote! Il est chez lui dans son feuilleton. Il y mettrait et ôterait sa cravate, — que dis-je? — il y mettrait et ôterait ses bottes vernies qu'on ne le trouverait pas mauvais, et que même il y aurait des gens qui le trouveraient adorable! Personne n'est donc plus apte que lui à parler de lui, et pour mon compte, je souhaite grandement que, lundi, il en parle.

Je souhaite que ce Directeur exceptionnel et feuilletoniste nous donne encore ce spectacle d'un feuilleton sur sa pièce du Châtelet, ce spectacle sur un spectacle d'un feuilleton qui prouve, avec éclat, quelle combinaison heureuse c'est pour tout le monde qu'un Directeur de Théâtre doublé d'un homme d'esprit et de lettres, parmi ces autres Directeurs qui ne sont doublés de rien du tout!

II

Quant à la pièce dont il est le quatrième ou le premier auteur, elle est, elle, doublée de doublons. Elle en a coûté, mais elle en rapportera, et ce ne sera pas de l'argent volé. Je préviens monsieur le Directeur du Châtelet qu'il ait à commander d'autres acteurs ; car ceux-là qui jouent, chantent et dansent dans *Paris-Revue,* il va les éreinter et les tuer sous son succès, comme le duc de Rosny ses chevaux de bataille. Dans deux mois, il n'en restera pas un seul debout, même cette grosse diablesse de Cécile Montaland, qui fait madame Satan, au premier acte, dans une superbe robe de reine d'Enfer, et dans le ballet d'Ismaïlia en une autre superbe robe asiatique, mais elle, très inférieure à ces deux costumes. On a toujours fait à Mlle Cécile Montaland une exorbitante réputation de beauté à laquelle, pour mon compte, je n'ai jamais souscrit. C'est un visage aux traits réguliers, mais dans lesquels la physionomie ne met ni ses éclairs ni ses languissantes morbidesses, et, d'un autre côté, déjà l'embonpoint, le terrible embonpoint, l'ennemi mortel à tant d'actrices, grimpe le long de son corps, auquel il reste des bras encore. Mlle Montaland, plus heureuse que la statue, est la Vénus de Milo seulement par les bras, mais quant au talent, c'est comme les bras de la statue. Il n'y en a pas. Son brin de voix est sans fraîcheur, et dans cette vaste salle du Châtelet, il paraissait si grêle, ce brin !

De son côté, Satan-Montrouge était enroué. Mais les vrais acteurs de cette pièce, qui est bien moins une pièce que le plus magnifique des spectacles, n'étaient ni ceux qui chantaient, ni ceux qui parlaient : c'étaient les danseurs. L'intérêt, le grand intérêt, a été les ballets, que je n'hésite point à appeler des chefs-d'œuvre de poésie vivante. L'honneur de ces ballets, qui supposent un genre d'imagination très spéciale, puissante et féconde, revient à M. Honoré. Dans le dernier, le plus beau (celui d'Ismaïlia), il y a, parmi les danses qui s'enlèvent sur le plus éclatant des décors, un pas que je veux nommer le *Pas des bâtonnets*, dansé par des petites filles du même âge et de même taille, pendant l'exhibition du jongleur, et qui est bien une des choses les plus charmantes qu'on puisse voir et même qu'on puisse rêver. C'est plein de grâce voluptueuse, et en même temps de bonhomie comique. Le piquant de cela, c'est le contraste. C'est l'air de *petits vieux* que prennent si gentiment toutes ces adolescences, dont quelques-unes sont ravissantes et qui sont presque des enfances encore, en s'appuyant sur leurs bâtonnets... Je ne sais pas si le public, qui couvrait tout le ballet de ses applaudissements mérités, a senti ce détail comme moi, mais, pour moi, c'était délicieux !

Enfin, dans ce spectacle à étonnements de *Paris-Revue*, qui est aussi *Orient-Revue*, la plus grande peut-être, la plus incomparable des sensations, est celle qu'a donnée le clown anglais, M. Magijton, je crois, un des hommes les plus élégants dans le *tour de force* qu'il m'ait été permis de voir. Auriol n'était qu'aisé, mais M. Magijton est élégant. Ce prodigieux artiste, qui danse avec sa sœur, moins étonnante que lui, mais savoureuse d'originalité, stupéfierait de difficulté vaincue, s'il ne passionnait pas jusqu'à l'enthousiasme par les qualités expressives de sa pantomime et de son jeu. C'est évidemment le premier des clowns anglais, qui sont — comme on le sait — les premiers clowns du monde. Il faut inventer ici. Il a le *brio* froid, comme les Italiens l'ont chaud. Il est impossible d'être plus précis, plus mathématique, plus coupant de précision. Acier de Birmingham, le plus souple et le plus pur, jouant dans des rainures de velours! Il faut le voir, cet homme qui doit être très beau, et dont la beauté se voit encore à travers son masque impassible et travaillé de clown, dansant, comme une statue de marbre noir, avec sa sœur, une statue de marbre rouge, et à chaque instant lui passant sa jambe par-dessus la tête, l'entourant de cette jambe comme d'une auréole, comme on entoure sa signature d'un paraphe! Le caractère de cette danse inouïe est la bouffonnerie, — la bouffonnerie anglaise; la bouffonnerie de Shakespeare! Le rire éclate, en regardant... comme il éclaterait en écoutant les tirades d'un génie comique.

Et ce n'est pas tout! La force, *à force de force*,

monte chez M. Magijton à la grâce. Il a pris un chapeau qu'il fait tourner au bout d'un bâtonnet (ah ! c'était le triomphe des bâtonnets, ce soir !), et vous dire les tours, les arabesques, les volutes, les frénésies de tourbillon qu'il a fait faire à ce chapeau sur ce bout de bâton, en dansant comme un enragé, en se roulant par terre comme un épileptique, toujours en faisant tourner ce chapeau... C'était un poème, c'était une musique, c'était un ensorcellement que ce chapeau, qu'il a fini par jeter en l'air et faire tomber à pic sur sa tête, avec une précision telle qu'on eût dit que ce feutre mou était une mécanique de fer-blanc !...

Franchement, cet homme est prodigieux ! Allez le voir ! Si on écrivait comme il danse, quel artiste de style on serait ! Et quel feuilleton, que celui qui ressemblerait au tournoiement de ce chapeau !

L'AUBERGE DES ADRETS

Dimanche, 9 janvier 1870.

I

Excepté la comédie du Jour de l'An, cette vieille pièce inepte qu'on devrait retrancher du répertoire de toutes nos comédies sociales, nous n'avons pas vu, cette semaine, de première représentation. C'est pour les semaines où nous en avons deux et trois qui se marchent sur les talons, se donnent du coude et se bousculent! En ce *campos* dramatique, j'ai pensé à revoir l'*Auberge des Adrets*, reprise à l'Ambigu malgré le double refus des deux auteurs qui soient vivants à cette heure, M. Benjamin Antier et Frédérick Lemaître, que je regarde comme le quatrième auteur de l'*Auberge des Adrets*, tant ce comédien mit d'invention dans son rôle de Robert Macaire qu'il y jouait.

Tout le monde sait que Frédérick n'a pas voulu, pour des raisons d'Art ou de convenance dont il est le seul juge, mais qui doivent être élevées, j'en suis sûr! reprendre le rôle qui est au rang de ses plus étonnantes créations.

Mais personne ne sait (et il est bon que tout le monde le sache) que M. Benjamin Antier, de son côté, ne voulait pas non plus qu'on reprît sa pièce, et que M. Bullion n'en a pas moins passé outre, avec une légèreté despotique et une duplicité qui donnent l'idée la plus aimable de ce délicieux Directeur... C'est mystérieusement et cauteleusement que M. Bullion a repris l'*Auberge des Adrets*. Les répétitions ne s'en sont pas faites au théâtre, où M. Antier aurait pu les empêcher ou les surveiller; elles se sont faites en *catimini* chez Manuel, l'acteur qui devait jouer l'ancien rôle de Frédérick. Certes! il fallait que M. Bullion comptât beaucoup sur le succès de la pièce et le grand âge de M. Benjamin Antier, pour se permettre ces petites familiarités avec le droit et la volonté d'un auteur, prévenu trop tard pour agir *en justice* contre ces indécentes familiarités!

Eh bien, le succès n'a pas été du tout ce qu'imaginait M. Bullion, et M. Benjamin Antier, malgré la vanité d'auteur, cette enjôleuse qui nous met si souvent ses deux mains de soie sur les yeux pour nous empêcher d'y voir clair, a eu la vue plus nette et plus longue que ce Directeur, pipé par l'espérance ! L'*Auberge des Adrets* n'a eu d'intérêt que pour ceux qui l'avaient vu jouer autrefois, et qui voulaient constater les différences d'effet, après tant d'années. Plaisir de connaisseur, qui ne manque pas de piquant, mais qui n'existe pas pour ce qu'on appelle le Public. Aussi, le Public a-t-il été assez indifférent à cette résurrection de l'*Auberge des Adrets*. Je n'étais point à la première représentation de la reprise, mais j'ai vu la pièce hier, et l'accueil qu'on lui a fait a été froid. Il y avait bien, dans la salle, en manière d'accompagnement continu, le rire que fait naître une succession pareille de *charges* à outrance et de *lazzi* monstrueux, mais ce rire ne venait point de lèvres intelligentes ou difficiles. Je n'ai pas compté de ces lèvres-là ! C'était le rire d'un public qui aurait ri de même devant les farces d'un tréteau, à la porte d'une baraque...

Et encore, tout en riant, ils n'admiraient pas !

II

C'est que l'admiration a pour premier degré la surprise, et qu'ils n'étaient pas surpris de ce

Robert Macaire qui fut, il y a trente ans, une si prodigieuse révélation, quand les auteurs le lancèrent sur la scène, ce type fait, non pas, comme la Vénus de Phidias, avec les plus belles femmes qui étaient en Grèce, mais avec les plus vilains hommes qui étaient en France, dans un temps où il commençait de terriblement en pousser... C'était, en effet, la première saison de cette chose qui porte un nom maintenant et s'appelle majestueusement : *les affaires,* — *le monde des affaires!* C'était l'aurore des commandites, que tant de gens vertueux aimaient à voir lever ! L'Industrialisme moderne et la Politique, cet autre industrialisme, confondant leurs deux bagouts pour faire cette langue inouïe qui valut à Louis-Philippe l'épithète de « vieux blagueur »; l'Industrialisme et la Politique, qui avaient des procédés si rapides pour changer les consciences en un excellent fumier, obtenaient leurs premiers champignons, et leurs premiers cornichons aussi; car, à côté des inventeurs de commandite, il fallait bien des actionnaires, à côté des faiseurs politiques ou industriels, il fallait bien des imbéciles qui se laissaient refaire !

Et Robert Macaire exprimait tout cela. Il l'exprimait, en le descendant, en le dégradant jusqu'aux dernières limites de l'abjection, jusqu'à la plus impitoyablement basse des caricatures ! Robert Macaire fut la statue en boue du Juste-

Milieu, pétrie par des mains en gaieté de justice. La cravate de Talleyrand, cette cravate qui faisait dix-huit tours et dans laquelle il noyait son menton de momie figée d'Incroyable, Frédérick en fit celle de Macaire. Le chapeau de Macaire fut le chapeau gris de Louis-Philippe, mais enfoncé et défoncé, aussi ignoble que sa couronne! Quand on vit se dresser sous ce chapeau et du fond de cette cravate la face écrasée de Robert Macaire, ce fut le coup de tonnerre d'un temps qui s'exclame en se reconnaissant, et qui se rit à la figure de ce rire qui équivaut à un soufflet! Tel apparut Robert Macaire.

Les auteurs et l'acteur — le quatrième auteur de l'*Auberge des Adrets* — touchèrent, ce jour-là, au génie. Et ce fut si bien cela, que les Macaires émergèrent, pullulèrent de toutes parts. La vérité, c'est la semence qui lève en mille épis! On eut les Macaires de Daumier. On eut les *Saltimbanques*, ces frères Macaire, simplement gais. On eut Vautrin, ce Macaire sublime. On eut enfin cette langue — fixée alors — qui n'est plus la langue de l'ancienne plaisanterie française, mais de la nouvelle; on eut la *blague*, et des hommes *nés plaisants*, comme dit Voltaire (par parenthèse, la plus jolie aristocratie qu'il y ait sur la terre!), se mirent à la parler avec talent et avec supériorité. Un journal qui en a le génie, le *Tintamarre* l'éleva, cette blague, mais sur les bases solides du bon sens le plus étonnant, à une hauteur qui ne sera jamais surpassée. Partout, dans les journaux, dans les livres, au théâtre, la plaisanterie *macairienne,* autrement dit : la Blague, la grande Blague, cette farceuse solennelle et cynique, entra, comme un genre, dans les habitudes d'esprit de notre temps. Et voilà pourquoi Robert-Macaire, qui la parla le premier, ne nous fait maintenant l'effet que de l'enfance d'une langue venue à sa maturité, et voilà pourquoi, en réentendant les premiers mots qu'elle ait dits, on ne vibre plus comme autrefois on avait vibré !

Et il n'y a pas, du reste, pour expliquer ce changement d'impression, que la langue de Robert Macaire. Il y a Robert Macaire lui-même. Il y a le type, le personnage mis à la scène sous ce nom. Robert Macaire est le type d'une époque ; c'est donc un type de passage : ce n'est point un type éternel. Ce n'est pas un type comme Harpagon, qui est éternel, comme l'avare. Ce n'est point un type comme Arnolphe, qui est le cocu éternel ; car ce n'est pas seulement le mariage qui fait le cocu, c'est l'amour. Robert Macaire est un type qui doit s'en aller avec l'époque qu'il représente. C'est un type comme Turcaret, qui n'a pas non plus pour nous la saveur qu'il eut pour ses contemporains, et dont le comique ne nous atteint plus. Turcaret, c'est le parvenu de la fin du dix-huitième siècle, comme Robert Macaire est le coquin de la première moitié du dix-neuvième. Macaire est un type qui a besoin de son costume. Sans la cravate de Talleyrand et le chapeau de Louis-Philippe, il n'est plus.

Déjà la coquinerie qu'il exprime est changée, s'est modifiée, transformée, déformée même si vous voulez, mais, précisément à cause de cela, il a perdu de son mordant et de son comique. C'est encore une loi et une loi terrible pour l'Art Dramatique, que son comique de mœurs passe vite. Il est plus puissant que les autres, mais il est plus éphémère, et les Répertoires sont le plus souvent des asiles d'Invalides, qui n'ont guère qu'à tirer, à de longs intervalles, quelque innocent coup de canon !

III

Et l'auteur de l'*Auberge des Adrets* n'est-il pas lui-même la meilleure preuve à donner de l'*éphémééité* du Théâtre, dont la gloire se fait et se défait si vite, qu'après quelques années, c'est *comme si on avait rêvé* ? L'auteur de l'*Auberge des Adrets* a quatre-vingts ans, et qui sait, parmi ceux qui le suivent dans la vie, qu'il a écrit plus de quarante pièces de théâtre, qui presque toutes ont eu leur succès ?... Parmi ces pièces, on compte l'*Incendiaire,* la *Lanterne sourde, Rochester, Pierre Le Rouge,* au Vaudeville, joué à ravir par Lafond et Mlle Suzanne Brohan ; au Palais-Royal, les *Beignets à la Cour,* dans lesquels Mlle Déjazet fut, à sa manière, à l'autre extrémité de l'Art, ce que, dans l'*Auberge des Adrets,* Frédérick a été à la sienne. Benjamin Antier a eu le sort de tant d'autres, en leur temps, mais qui ne peuvent pas se venger comme lui de cette traîtresse gloire Dramatique ; car il peut se venger avec un seul volume ! un volume de chansons et de vers légers.

> Anacréon n'a laissé qu'une page
> Qui flotte encor sur l'abîme du temps !

Or, c'est un Anacréon que Benjamin Antier, qui ne l'est pas seulement par l'âge, mais par la grâce et la gaieté sans âge, ces deux charmantes Immortelles. C'est un Anacréon, mais carabiné d'un Gaulois, et qui ne mourra pas pour un pépin de raisin ! Le raisin le connaît... C'est un de ceux qu'il a le plus inspirés. Benjamin Antier, qui fut l'ami de Béranger le sobre, ne ressemble ni de tempérament, ni de talent, ni d'habitude, à ce chansonnier, grivois à froid, qui se montait la tête pour être gai avec de la tisane, — laquelle, pour être du champagne, n'en était pas moins de la tisane, — qui sirotait son vin et léchotait son vers.

Antier est un verveux, lui, dont la gaieté a du jaillissement, de la largeur et de l'entrain, plein d'abandon jusque dans sa finesse; car la finesse est un des caractères les plus marqués de son talent, même alors qu'il se dévergonde. Finesse d'un tout autre accent que celle de son finaud d'ami, ce faux bonhomme, travaillé comme son vers! Antier, lui, est le bonhomme vrai, au couplet spontané et sincère, qui ne sent jamais l'huile, — l'huile de cette *lampe* qui *veillait,* ou plutôt qui ne *veillait* pas la nuit, *pour Dufresnoy!* Antier était, de nature, assez chansonnier pour rester chansonnier, et il l'est resté. Béranger l'était trop peu pour se contenter de ce génie et pour le respecter. A force de tirer les ailes d'abeille de la Chanson pour leur donner l'envergure de celles de l'Ode ou de la Satire, il les arracha, et la pauvre Chanson en mourut dans ses ambitieuses mains. Ce ne fut plus alors, Béranger, que la satire politique en chanson, tandis qu'Antier en aurait été le Satyre, si ce Satyre de la Chanson, à côté de ces indécences dans lesquelles parfois sa pétulante gaieté glisse, comme s'il était dans un bois, n'avait aussi dans le talent des délicatesses de sensibilité exquise.

Rappelez-vous, par exemple, ces vers intitulés: *Une Chambre à coucher*, que Jean La Fontaine eût signés, dans ses jours de pureté, quand il en avait, et placez-les auprès de ce gaillard, trop gaillard peut-être : *Coup du milieu*, qui n'est pas seulement une rutilante chanson à boire, mais une chanson à verser, et vous aurez les deux nuances les plus éloignées du double génie de Benjamin Antier, lequel va de la gauloiserie aux plus franches lippées, jusqu'aux touches les plus chastes du sentiment ! Dernier chansonnier de cette race de chansonniers qui furent la gloire de la *gaye* France, Antier, qui vit Désaugiers et qui enterra Roger de Beauvoir, laissera-t-il, comme Roger, ses chansons dispersées s'en aller à tous les vents de l'oubli, soufflant de partout et séchant si vite les gouttelettes des plus étincelantes rosées, qui tombent, en brillant, sur la terre ?

Ah ! qui, comme moi, l'a vu souvent, ce dernier chansonnier qui *mène le deuil* des autres, comme le vieux Louis XIV menait le deuil de son siècle ; qui, comme moi, l'a entendu, au dessert, chanter, dans une tonalité incomparable, ses chansons, selon la grande tradition *chansonnière;* qui l'a vu, cet octogénaire comme Laujon, qui vivra cent ans, non pas, comme Fontenelle, à force de se ménager et de s'économiser, mais en faisant tout le contraire ; qui l'a seulement entrevu vers la fin d'un souper, par la brèche faite entre deux fruits dans une corbeille entamée, avec son visage fin qui rappelle celui de Greuze et de Sainte-Beuve tout à la fois, son front chauve, rosé par le vin et la joie, sa narine ouverte, cette narine spirituelle et sensuelle du nez le mieux troussé pour aspirer toutes les enivrantes odeurs de la vie; oui! qui l'a vu ainsi, souhaiterait et voudrait que cette tête expressive, dont l'empreinte et la médaille sont dans tant de chansons où il vit tout *Antier* (c'est le cas de le dire!), se conservât ineffaçable en ses Chansons, recueillies et enfin publiées, et que nous chanterions encore bien après qu'on ne le jouerait plus!

IV

Quant à ceux qui viennent de le rejouer, malgré lui de cette fois, dans cette pièce difficile de l'*Auberge des Adrets,* et qui n'ont pas craint de se brûler au génie de Frédérick dont elle est chaude encore, ils se sont donné beaucoup de peine — ce n'est pas douteux — pour faire renaître une de ces impressions qui furent trop grandes pour qu'on puisse jamais les ressusciter.

Manuel s'est placé le plus qu'il a pu, s'est poussé et est entré le plus qu'il a pu dans le rôle, les haillons pittoresques, le son de voix, le geste, l'emphase, burinés, pour l'heure, dans toutes les imaginations, et la vivante tradition de Frédérick. Cette audace me plaît, mais j'aurais voulu plus de bonheur...

Ce qu'il est là dedans ressemble à Frédérick comme une centième épreuve ressemble à la gravure avant la lettre qui donne pur le trait du génie... Perrin, qui n'avait pas l'obstacle effrayant du jeu de Frédérick, a été supérieur à Manuel. Il a joué ce coquin plaintif et trembleur de Bertrand, le clair de lune de ce soleil de coquinerie et d'impudence qui se fait pendant toute la pièce des rayons avec son gourdin autour de la tête, et qui s'appelle : Robert Macaire. Mélancolique comme le clair de lune, gris et épeuré comme un lièvre qui y regarde ses oreilles, maigre et d'une tournure de ficelle serrée dans un habit, la tête pointue, le nez en crochet, il ressemble — est-ce une ressemblance de hasard ou de volonté? — au Ferragus dessiné, dans Balzac (édition de Furne), par Daumier, au Ferragus, abêti et crétinisé, qui regarde jouer au *cochonnet* appuyé sur sa canne. C'est prodigieux d'exactitude! Impossible de ne pas en être frappé. Perrin, du reste, a été, sous cette incroyable figure, très comique de lamentation et de tremblement. — Mais, pourtant, que M. Benjamin Antier avait raison quand il s'opposait à la reprise de sa pièce !

Il fallait un peu plus que tout cela pour la faire revivre. Ils n'ont pu que la galvaniser !

LE PLUS HEUREUX DES TROIS

Dimanche, 16 janvier 1870.

I

Le titre est joli, et la pièce pouvait être charmante. J'en augurais bien avant le lever du rideau... Les auteurs qu'on nommait étaient MM. Labiche et Gondinet : M. Labiche, le vétéran du succès dans tant de pièces où la Comédie — la vraie Comédie — se dégage puissamment de la farce, et M. Gondinet, qui a commencé par des éventails dramatiques au Gymnase, mais qui a fait au Palais-Royal : *Gavaud, Minard et C*^{ie}, un tableau de genre plein de gaieté, de verve et de mordant, qu'on n'aurait, certes! pas attendu de la mièvrerie de ses débuts. De l'association de MM. Labiche et Gondinet — de M. Labiche, non pas tout à fait le Labiche de ces derniers temps, mais de l'ancienne facture, et de M. Gondinet de la nouvelle, — on pouvait légitimement espérer une comédie dont l'éclair jouait déjà, par avance, dans le titre spirituellement transparent : *Le plus heureux des trois*, et qui aurait rendu heureux les deux auteurs, le public et la Critique, — quatre, au lieu de trois!! Les auteurs l'ont été, eux, plus que méritants, comme tous ces coquins d'heureux ! Leur pièce a réussi. Le public aussi l'a été, puisqu'il a ri. Ris donc, bonne bête ! A ce diable de Palais-Royal, qui est un théâtre *à la diable*, on se sauve toujours par l'éclat de rire, et on se moque bien de la manière dont on l'y amène, pourvu qu'il y vienne... On ne chicane pas sa provenance. Le succès, c'est le rire, et c'est à ce rire à tout prix que MM. Labiche et Gondinet ont sacrifié leur comédie. Ils l'ont étouffée sous des farces... des farces qui ne sont pas des fleurs !

II

Et, de fait, *Le plus heureux des trois*... vous vous doutez, n'est-ce pas ? qui sont ces *trois*-là et qui en est le plus heureux, comme veulent le prouver

MM. Labiche et Gondinet en leur pièce?... *Le plus heureux* de ces trois-là, — dans le trio de l'adultère, — vous vous doutez bien que c'est l'homme de toutes les comédies, celui qui en est le substract inépuisable et éternel; vous devinez bien que c'est celui-là que le robuste Molière appelait hardiment : le *cocu*, et que les ternes bégueules du temps, ennemies de l'expression chaude, appellent froidement et platement : un trompé? Le cocu donc, ou le mari trompé, ce puits artésien du comique, MM. Gondinet et Labiche en ont voulu tirer une dix-millième comédie.

Ils ont voulu remettre une dix-millième fois à la scène ce sujet qui n'en peut pas être plus exilé que de l'humanité et de ses mœurs, mais ils ont voulu l'y remettre sous un angle de lumière qui le fît paraître nouveau, ce vieux sujet, vieux comme Adam! et pour cela ils ont renversé l'idée commune. L'idée commune, en effet, dans toutes les comédies, c'est que le malheureux, c'est le mari trompé, c'est ce lamentable et risible cocu, qui, quand il est content, ne l'est que par philosophie, puisqu'il garde ses coups de bâton et ses cornes... Arnolphe, Sganarelle et Georges Dandin,—ces trois expressions d'un même type qui n'était autre que le pauvre Molière lui-même, ce Caton d'Utique du cocuage, qui a passé sa vie à se déchirer les entrailles dans des comédies qui sont d'effroyables éclats de rire de douleur, — Arnolphe, Sganarelle et Georges Dandin ont envahi, empli et bouché jusqu'ici toute la scène à d'autres cocus qu'eux. Ç'a toujours été, depuis Molière, la douleur comique, la colère comique, les révoltes impuissantes et comiques d'Arnolphe, de Sganarelle et de Georges Dandin. Depuis Molière et même avant Molière, et non pas seulement dans les comédies, mais partout : dans les contes, les fabliaux et les romans, le beau rôle, le rôle honorable et flatteur, le rôle de l'heureux, du *plus heureux des trois,* a toujours été celui de l'amant. C'était l'heureux avec la femme qui était l'*heureux,* le plus heureux de tous ! et le public n'y trouvait rien à redire. Il trouvait même cela tout simple, ce gros public, composé de tous ces vilains hommes qui ont leur sexe dans l'esprit ! Il enviait même à l'amant son bonheur.

Eh bien, c'est ce bonheur immoral de l'amant, ce bonheur indécent et insolent de l'amant qui soufflette sur ses joues placides la majestueuse Institution sociale du mariage, que MM. Gondinet et Labiche — sans songer à la morale, je crois bien ! — ont retourné de l'amant au mari. Ils ont fait au comique, ces messieurs, ce que M. Feydeau a fait au tragique en son roman de *Fanny,* dans une scène fameuse que personne n'a oubliée : la scène du balcon, où l'amant est témoin du bonheur légitime du mari et devient jaloux jusqu'à la rage de celui qu'il trompe et qui, lui, devrait être le seul jaloux!... Les auteurs du *plus heureux des trois* ont voulu faire bénéficier leur cocu de l'amour qu'on a pour sa femme, et cela aurait dû être à un point, et avec des détails tels, que cela eût été toute la pièce. Mais les deux plumes de MM. Labiche et Gondinet, même mises l'une au bout de l'autre pour en faire une plus longue, n'étaient pas de taille à creuser dans un pareil sujet et à s'enfoncer jusque-là!

Ils ont bien esquissé deux à trois scènes que l'idée de leur pièce portait à fleur de peau, — comme, par exemple, entre toutes, la scène où le mari, qui adore son trompeur selon l'usage ordinaire, qui ne peut se passer de son *ami* Ernest, — Ernest par-ci! Ernest par-là! — malade, ce mari, pour avoir mangé du melon, l'anthropophage! est entre sa femme, qui le trahit, et son ami, non moins traître, et se sert d'eux comme de domestiques, la femme occupée aux tisanes, et l'amant, à la cuisine, des cataplasmes! Mais ils n'ont pas tiré de plus avant toutes les scènes qui gisent renfermées dans l'idée de leur pièce, et qu'un jour, peut-être, une main plus forte que la leur pourra en faire sortir.

Ce cocu d'une nouvelle espèce, ce cocu qui n'est pas *battu et content,* mais qui est content et bat, sans avoir conscience de ses coups de bâton, les autres ; ce cocu magnifiquement joyeux, serein, suffisant, optimiste, dont le gros ventre, comme un soleil, semble avoir des rayons de contentement et de bonheur ; ce cocufié qui ne peut être une minute sans son cocufiant, nécessaire à sa vie, qu'il aime mais qu'il méprise un peu, et qu'il appelle à chaque instant : *bête, mais dévoué*, avec l'impertinence qui convient au bonheur ; ce cocu dont l'étrange bonheur est construit avec les transes, les servilités, les bassesses, les faussetés, les précautions, les lâchetés de ceux-là qui le cocufient, est un type comique d'une trop grande richesse pour qu'on ait besoin, pour faire rire son monde, de se mettre... à côté, comme l'ont fait MM. Labiche et Gondinet. C'était là le filon de comique qu'il fallait vigoureusement exploiter. Au lieu de cela, les deux auteurs du *plus heureux des trois* se sont jetés dans les accessoires, les choses en dehors du sujet, et, ce qui est bien pis, le rire bas, obtenu par des moyens bas.

Ainsi, ils n'ont pas inventé, mais ils ont introduit dans leur comédie les Alsaciens à patois, qui sont d'un effet certain sur le public, et que, pour cette raison, on emploie en ce moment même dans un si grand nombre de pièces sans observation, sans idées et sans nouveauté. Demandez-vous, en effet, la nécessité et la logique, dans une comédie qui n'avait pas besoin d'eux pour être comique, de ces deux valets alsaciens *superposés* au sujet de la pièce de MM. Labiche et Gondinet? Et ce n'est là encore qu'un moyen de succès vulgaire; mais, franchement, y a-t-il un moyen plus bas de faire naître un rire de la même espèce que le hanneton logé — il faut bien le dire! — dans la culotte de l'Alsacien, et qui lui fait faire ce tas de mouvements grotesques et insensés d'un homme en proie à une démangeaison insupportable et ridicule, qui se gratte, n'importe avec quoi, — soufflets, plumeaux, pincettes! — et se vautre! et se frotte! et frappe de son... arrière-train sur les meubles, pour *tuer son hanneton?*... On a ri, mais le public, tout en riant, insultait son rire : « Ils sont fous! » disait-il. Et il partageait leur folie, puisque lui-même riait comme un fou. Mais ce n'était pas là le rire de la comédie, doublé si vite de réflexion et même de tristesse ; c'était le vil rire du tréteau.

C'était ce rire qui soulève et fait monter le plus à la surface des créatures intellectuelles la bourbe de leur animalité, dont, quand il est passé, l'homme, pour peu qu'il ait l'esprit élevé, est presque honteux.

III

Farce grossière et inutile ! *Le plus heureux des trois*, je l'ai indiqué, pouvait s'en passer. Aurait-il pu aussi aisément se passer du rôle de Jobelin que j'ai entendu critiquer ? de Jobelin, le premier cocufiant de Marjavel en son premier mariage ; car Ernest, le fameux Ernest, l'indispensable Ernest : *bête, mais dévoué,* n'est que le cocufiant du second. Ce rôle de Jobelin, il est vrai, est trop le pendant et l'écho du rôle d'Ernest ; mais je ne voudrais, certes ! pas le supprimer. Les auteurs du plus *heureux des trois* ont pensé avec juste raison qu'il fallait ici créer un cocu sterling, de haute graisse et de haute ramure, un cocu carré de sommet (surtout de sommet !) et de base, ce qu'enfin les Mémoires les plus amusants du dix-huitième siècle appellent si drôlement : « un cocu à répétition », et ils ont donné deux femmes au leur, en le faisant veuf et remarié.

Il est évident que, par là, ils doublaient le bonheur de leur prédestiné... au bonheur, qui n'est plus alors *le plus heureux des trois,* mais *le plus heureux des six,* et qui le sera peut-être *des neuf,* un jour ; car Marjavel est assez jeune pour épouser une troisième femme, la mort de la seconde échéant. Et alors ce serait le cocu infini, le cocu *trine*, le cocu sous les trois espèces, et ce n'est pas pour rien que l'imagination du spectateur égayée entrevoit sur le front de Marjavel ce prolongement dans le bonheur qui est une possibilité. Seulement, ce qui a nui et ce qui devait nuire au rôle de Jobelin, dont l'idée était excellente, c'est l'arrangement des circonstances, beaucoup trop identiquement les mêmes, dans lesquelles se produit le second cocuage et se produisit le premier. Le « *Tiens ! c'est comme moi !* » revient trop souvent en ces circonstances. Il semble que l'un des cocufiants est le miroir de l'autre, ou son portrait retourné, — comme ce portrait des deux femmes de Marjavel, peintes dos à dos dans le même cadre et que Jobelin, l'oncle, et Ernest, le neveu, retournent à tour de rôle pour lui adresser leurs oraisons ou leurs éjaculations amoureuses. C'est si bien arrangé, c'est si adroitement ajusté, tout cela, qu'on dirait du cocuage à la mécanique. Mais le cocuage est en général beaucoup plus varié que ne l'imaginent MM. Labiche et Gondin et et ne se développe pas, comme ici, exactement dans les mêmes rainures.

Assurément, les combinaisons par lesquelles MM. Labiche et Gondinet ont fait passer leur comédie sont aussi ingénieuses que laborieuses, mais c'est précisément ce que je leur reproche. Dans ces combinaisons laborieuses, je sens la vie factice, la vie de théâtre, et non pas la vie vraie, ou du moins qui fait illusion. Me donner à chaque instant les paroles photographiées de l'un des *facteurs* du mari pour en faire, sans y changer un mot, les paroles de l'autre, qui ne les a pas entendues et qui les redit dans les mêmes situations, est chose radicalement inadmissible, et je la rejette, et j'interromps mon rire, si j'ai déjà ri ! A la rigueur, et même sans rigueur, je puis bien admettre un cocu à *répétition*, comme l'est ce haut branchu de Marjavel, mais je ne puis pas comprendre qu'à dix ans ou à dix minutes de distance, les deux cocufiants de ce benoît et béat cocu soient deux montres à *répétition*, sonnant avec le même timbre, aux mêmes heures, les mêmes choses. Cocufiants ou non, les hommes ne sont pas montés comme des horloges ! Si bien qu'on ait construit tout cela, avec toutes les habiletés et les expériences du Théâtre, je dis que là où apparaît l'invraisemblance dans de telles proportions et où l'on a osé mettre l'impossible, l'intérêt cesse immédiatement et le comique n'existe plus.

Voilà le défaut, ou plutôt tous les défauts en un seul, de cette pièce qui se double et qui se dédouble comme une carte à jouer, et dont le principal personnage est si vivant qu'on aurait pu sans grands efforts, sans tout ce tricotage dramatique, qu'on croit peut-être très fort, le développer dans les simples et naturelles conditions de la vie. Je n'ai ni la volonté, ni le loisir d'épingler chaque détail de la pièce de MM. Labiche et Gondinet et de lever la statistique de toutes les impossibilités qu'ils ont tant cherchées et si bien trouvées dans leur comédie; mais, pour n'en donner qu'un exemple entre mille, est-ce qu'il est possible qu'un cocufiant, plein de l'anxiété ordinaire à ce genre de fonctionnaire, ait jamais l'audace d'offrir au cocu de son fait, qu'il veut bercer dans son bonheur et non pas réveiller de son bonheur, une pendule faite d'une tête de cerf au naturel, sous laquelle il aura l'impudence de déposer ses lettres d'amour à la femme, et qui deviendra la boîte *aux lettres* pour tous les cocufiants de la maison et de l'avenir?... Et je parlais, il n'y a qu'un instant, de grossièreté. En est-il une, dites-moi, plus grande et plus épaisse que celle de cette tête de cerf?

Celle de Marjavel suffisait, — et, du moins. ne l'avertissait pas!

IV

La pièce de MM. Labiche et Gondinet, qui est manquée par trop de soin, par trop d'*embrouillamini* dramatique, dirait M. Jourdain, pouvait être une comédie de *caractère,* et voilà pourquoi je regrette tant qu'elle ait été manquée ! Nous avions là une étude de cocu nouvelle, qui n'était ni Arnolphe, ni Sganarelle, ni Georges Dandin, et qui nous changeait. Nous avions là un vieux Sardanapale de cocu, roulant sa bedaine et la prélassant dans sa félicité de cocu avec une bonhomie de fatuité et une jovialité de duperie et d'impertinence qui pouvait être incomparable. Nous avions là du comique terrible, comme il l'est toujours quand il est très profond, le comique, dans ce cocu vengeur et vengé, qui va presque jusqu'à, un instant, caresser sa femme devant l'amant qui lui fait chauffer ses cataplasmes. C'était hardi ! Quel coup de fouet moqueur à travers la figure de Messieurs les coureurs d'adultère et des sigisbées domestiques ! C'était enfin le rare oiseau d'une pièce *à caractère,* que Meilhac et Halévy ont atteint, un soir, dans leur *Fanny Lear,* et que

Sardou n'atteignit pas dans *Séraphine*. MM. Labiche et Gondinet l'ont manquée, à eux deux, comme s'ils avaient été Sardou seul. Voilà pourtant ce qu'ils auraient pu nous donner ! Mais ils ont voulu, comme le Damis de Célimène :

..... Avoir trop d'esprit, dont j'enrage !

Geoffroy, qui faisait Marjavel, a eu, juste, lui, ce qu'il fallait en avoir, et il a été *le plus heureux des trois,* encore de cette manière. Geoffroy a été au niveau de tout ce qui est venu sous la plume de MM. Labiche et Gondinet, comme il aurait été à la hauteur de tout ce qui devait y venir. Geoffroy est un acteur tranquille comme Baptiste, très assis, d'aplomb dans ses rôles, de très peu de gestes, comme Périclès, un acteur du théâtre du Pnyx dans l'ancienne Grèce, et jouant, les mains dans les goussets, avec une aisance que Périclès, qui n'avait pas de goussets, ne pouvait guère avoir comme lui ! Il a été délicieux de *bonheur*, de placidité, de raillerie qui revenait sur lui, de ridicule inconscient et naif, et, disons-le, de grivoiserie *polissonnement* bourgeoise avec sa domestique, la petite Alsacienne, qui n'a pas attendu le mariage pour faire à l'avance son petit cocu, sans y voir, comme on fait de la tapisserie des Gobelins, mais qui, en le faisant, n'a pas fait un heureux comme Marjavel ; car la *faute* de sa femme le pique comme s'il avait aux reins les pointes de la fourche qu'il a sur le front.

C'est Brasseur qui jouait l'Alsacien, et il l'a joué avec un talent qui va faire pleuvoir un peu plus les Alsaciens sur les théâtres de Paris. Nous serons fusillés de baragouins ! Mlle Raynolds aussi (la femme de Grandpach), avec sa figure un peu carrée et blanche, a été admirablement Alsacienne et s'est montrée, comme actrice, la femme *sans faute* de Brasseur. Lhéritier et Gil Perès ont comme ceint de leurs plus impayables grimaces cette idole bouffonne du cocuage heureux, — qui trouve dans son état de cocu le paradis sur la terre, — cet excellent acteur Geoffroy, qui, dans le titre de la pièce, s'appelle *le plus heureux des trois*, mais qui, en plus, est le meilleur de tous !

LES OUVRIERS

L'AFFRANCHI DE POMPÉE

Dimanche, 23 janvier 1870.

I

Eh bien, nous en donnent-ils assez, des ouvriers! Les ouvriers! mais ce sont les rois de l'époque, ces gaillards-là! Et même les seuls rois, les seuls que des gens aussi fiers que nous puissent bassement flatter, sans qu'il en reste une tache à leur fierté, ventre à terre! Les ouvriers! rois et conquérants, et qui envahissent tout, même la littérature! Quand un pauvre diable ou une pauvre diablesse sans talent — car il y a de pauvres diablesses aussi sans aucun talent — veulent se tailler, en un jour, une petite statuette dans le zinc d'une popularité quelconque, ils grimpent,

comme ils peuvent, sur ce sujet de « l'ouvrier »,
et cela leur fait tout de suite un socle d'où on les
aperçoit très bien... Ah! l'ouvrier, quelle *réclame*,
pour l'heure. On nous en met partout, de l'ouvrier, comme de la muscade dans le festin de
Boileau. C'est la muscade du dix-neuvième siècle !

Ma foi ! vive Mignot... et tout ce qu'il apprête !

Et il en pleut, aujourd'hui, des Mignot ! Il y a
Mignot-Michelet, qui n'en met pas seulement, de
l'ouvrier, dans la sauce de son dernier livre *(Nos
fils)*, mais qui prétend qu'il n'y aura plus que
cette muscade-là dans les abominables cuisines de
l'avenir. Il y a eu, cette semaine, Mignotte-
Fould, autrement Mme Gustave Fould, qui nous a
invités, nous autres critiques, à aller voir sa pièce,
donnée *gratis* aux ouvriers, — plaisir du cirque,
consule non plus *Planco,* mais *Planca,* — en
nous jurant, la main sur son corsage, dans une
lettre qui a fait le tour des journaux : que *travailleurs et penseurs allaient bien ensemble.* Travailleurs ! *lisez* ouvriers, pour dire quelque chose;
car je m'imagine que nous aussi nous sommes
des travailleurs, peut-être?... Et enfin, nous avons,
de cette semaine aussi, Mignot-Manuel, qui, pour
une pièce de vers dialoguée qu'on met cinquante
minutes à distiller, mais qui s'appelle : les *Ouvriers*
(oh ! oh !), a été, du coup, proclamé poète drama-

tique, et *fort* poète dramatique, — du petit bataillon des plus forts de ce temps.

Mon Dieu, oui! — oui! — pas plus long et plus difficile que ça... avec les ouvriers!...

II

Providence des imbéciles! Procédé charmant et commode! Vous n'avez qu'à tourner cette manivelle de l'ouvrier, et le succès sonne comme un timbre qu'on pousse, et vous voyez les gros sous du succès pleuvoir sur votre orgue de Barbarie! Cela a plu, l'autre jour, et très dru, aux *Français*, sur l'orgue que M. Manuel porte à présent sur son ventre de professeur. M. Manuel, l'auteur des *Ouvriers*, est un professeur, et il a tout ce qu'il faut pour l'être. M. Manuel, et même M. Eugène Manuel, s'il vous plaît, est un poète, comme le peut être un professeur, qui a lu, égrugé, et fait avaler à lui-même et à ses élèves, tous les poètes, et qui, en français, fait des vers très proprets, par le même procédé que les vers latins. Il a écrit dernièrement je ne sais quelles *Pages intimes* (c'était là le titre, je crois), pleines d'amour et de mélancolie; car les professeurs se permettent tout, même l'amour et la mélancolie, les jours de congé ; les *Pages intimes*, couronnées, d'ailleurs, par l'Académie, comme de droit.

M. Manuel est, en effet, un académique, en attendant qu'il soit un académicien. Pour le moment, il l'est en herbe, mais il deviendra foin, et on l'engrangera. Ce n'est point un Horace, — diable non ! — mais c'est un Horaciculet... une de ces mille boutures grêles d'Horace, cultivées dans le pot de la classe, arrosées suffisamment d'Alfred de Musset, et que les femmes — des professeurs ses confrères — prennent pour un réséda poétique ; illusion impossible à tous autres nez! M. Eugène Manuel, qui, comme *l'ami Drolichon,* n'est nullement une bête, a parfaitement pris le vent du temps. Il a parfaitement deviné que, dans une époque où tout le monde a peur de la force brutale et se fait hypocrite d'amour parce qu'il a peur, une flatterie aux ouvriers, ces rois du monde... futur encore, heureusement! le mettrait, vis-à-vis de tout le monde, bien **mieux en posture que** des *Pages intimes,* si intimes qu'elles puissent être, et il a fait cette chosette à succès, qu'il a osé (sa seule audace) appeler de ce gros mot : les *Ouvriers.*

Malheureusement, c'est une chosette... Par Dieu! quand on a du talent, de la passion et des idées, on peut faire tout aussi bien un drame sur les ouvriers que sur les bourgeois. Tous les sujets sont bons pour qui a la puissance de les féconder. Je me moque bien ici de la politique ! je ne vois que l'Art, le résultat dramatique, la Littérature. Certainement, oui ! M. Manuel pouvait, tout aussi bien qu'un autre, faire — et même sans bassesse — un drame intéressant intitulé : les *Ouvriers*; mais c'était à la condition de nous les montrer dans la vérité de leur nature et de leurs mœurs.

C'était à la condition de nous exposer quelque chose d'au moins fort comme eux! Or, pour toucher à ces gens-là, à leurs vertus ou à leurs vices, il faut une autre *poigne* que celle qui est au bout des fuseaux universitaires de M. Manuel. Dans les *Ouvriers* de M. Manuel, ce sujet de fer sur lequel sa plume s'est éraillée sans l'entamer, on ne trouve qu'une mollasse détrempe... M. Eugène Manuel n'a pas su peindre l'ouvrier dans sa réalité abrupte, mêlée de bien et de mal, type devant lequel il aurait tremblé... de compromettre sa pièce, et pour la sauver, il a berquinisé. Il nous a donné l'ouvrier vertueux, lettré, artiste, à pots de fleurs et à marivaudages, un idéal d'ouvrier qui a passé, fâcheux passage! par la cervelle d'un professeur. Il nous a donné l'ouvrier de Paris, et non pas l'ouvrier de France ; l'ouvrier des théâtres, de la conférence publique, de l'instruction obligatoire, — l'ouvrier Duruy, en un mot, l'ancien chef de file de M. Manuel, qui n'a pas oublié sa consigne. Ainsi léché, gentil, galant, habillé à la *Belle Jardinière,* cet ouvrier, au lieu de nous parler la langue du véritable ouvrier, nous a dégoisé des vers de *Pages intimes,* très lisiblement signées : « Manuel », et a ravi, pendant près d'une heure, la sensible salle du Théâtre-Français, en les dégoisant!

III

Car, bien sûr! ce sont les vers qu'ils out applaudis, au Théâtre-Français, ce n'est pas la pièce, l'action, l'actionnette de la pièce. Si femmelettes, si puérils que nous soyons devenus, il n'est pas possible que ce soit cette petite pièce du *Théâtre des enfants,* bonne à jouer, en famille, entre deux paravents, à laquelle on ait battu des mains, avec des airs fondants de bonheur, comme on l'a fait, l'autre soir, au Théâtre-Français. Il n'est pas possible que ces applaudissements aient été pour ce jouet de chez Giroux, pour cette babiole, pour ce nœud de filigrane dramatique !

En effet, un ouvrier, ivrogne d'un soir, bat sa femme et veut lui donner un coup de couteau, mais, trop ému ou trop soûl, la manque et décampe, et va cuver son vin, pendant vingt années, dans la pratique de toutes les vertus les plus lointaines du domicile conjugal. Il a abandonné sa femme et son fils, mais, pour exercer et pour entretenir ses aptitudes paternelles, il a élevé une petite fille, et cette petite fille (est-ce assez fin?) est l'amoureuse *vertueuse* de son fils, l'ouvrier *vertueux*, qui retrouve ainsi chez sa mère, *vertueuse* et malheureuse, son père, corrigé et redevenu *vertueux*. Voilà toute cette pièce. En vérité, si imbéciles que quarante ans du théâtre de Scribe nous aient faits, ce n'est pas de telles combinaisons dramatiques qu'on peut saluer, au Théâtre-Français, comme de grandes choses! C'étaient les vers, les vers dits par Coquelin et Mlle Nathalie, des vers bien écrits, comme disent les bourgeois, des vers littéraires, faits avec d'autres vers, et qui ont semblé de la poésie parce que Coquelin les a dits avec sa voix des dimanches, sa voix qui les faisait vibrer comme des claquements de fouet du postillon de Longjumeau!

Coquelin les lançait... et on croyait qu'ils avaient des ailes! Mais quand Coquelin ne les lancera plus, on verra bien qu'ils n'en ont pas. Le public, qui n'a pas d'ailes non plus, a été enlevé comme les vers. Dans le ravissement universel, il s'est même trouvé un imbécile (il faut **bien appeler les gens** par leur nom!) qui a crié *bis* à une tirade, chose que n'ont jamais entendue les vers de *Tartuffe* ou du *Misanthrope!* Des journaux captés, mais imprudents, ou plutôt des journaux qui se moquent parfaitement des vers de M. Manuel et de leur destinée, et qui ne se soucient que de beurrer, plus vite que les autres, la tartine de la nouveauté de chaque jour, ont cité ces vers, écrits, presque tous, dans le style de ceux-ci :

> Ce n'est pas seulement le souci du ménage,
> Le travail, les enfants, la fatigue de l'âge,
> Qui, sur le front ridé, *creusent cette laideur...*
> . . . .
> Un mot lui suffirait pour TIRER un sourire!

Ah! par exemple, pour un professeur, au lieu de TIRER ce sourire, j'aurais RETIRÉ ce vers-là!

> Je suis les cours publics. *Il s'en fait à foison.*
> . . . .
> Car le ciel m'a donné, *sans nulle ambition,*
> Des instincts au-dessus de ma condition.
> On doit joindre au métier tout ce qui le relève
> . . . .
> Travailler sans relâche afin d'être plus fort
> Et contre la misère *user un moindre effort...*
> — Pour en arriver là, qu'avez-vous fait? — J'ai lu!
> Les mauvais et les bons, — tous les livres. Le pire
> *Est encore un esprit qui parle et qui respire.*

Soufflet de professeur à professeurs !

> La vérité, d'ailleurs, possède un tel pouvoir,
> Que, pour la reconnaître, il suffit de la voir.

Ce qui est, ou la plus plate des niaiseries, ou la plus radicale des faussetés !

> Aux livres, je dois tout, j'en ai là *sur la planche*
> Qui me font sans ennui passer tous mes dimanches.
> . . . . L'ignorance est brutale,
> *Mais quiconque sait lire est un homme sauvé!*

Ou perdu. C'est tout aussi vrai l'un que l'autre !
Enfin, les grandes politesses :

> Bien dit! mais vous avez de la chance, *vous autres!*
> Les temps où vous vivez valent mieux que les nôtres.
> On nous croyait tout juste assez bons pour souffrir ;
> Les Écoles pour nous hésitaient à s'ouvrir.
> Et quand nous demandions, *nous autres*, pauvres diables,
> Si vraiment tous ces maux sont irremédiables,
> Quand nous faisions parler, entre nous, la raison,
> On venait *évoquer* les lois et *la prison!*

De tels vers auraient-ils été applaudis sans Coquelin et sans le souvenir de Ponsard, qu'ils ont rappelé, sous la voûte d'un théâtre où plane encore son oie solennelle ? Et même avec Coquelin et Ponsard, l'auraient-ils été, ces vers prosaïques, s'il ne se fût agi des ouvriers, auxquels ces vers bourgeois étaient un hommage ? Aussi n'a-t-on pas marchandé les bravos. On se croyait généreux... ou politique, en applaudissant.

C'est très bien pour un soir. Mais le lendemain vient, le lendemain de la Critique et de la Littérature, et on se demande ce que vaut, en définitive, cette bluette dont on veut faire l'éclair du talent?... J'ai beaucoup parlé de Coquelin. Il paraît que c'est lui qui s'est attelé au petit tonneau de vers de M. Manuel, pour le faire entrer aux Français comme le petit tonneau d'un porteur d'eau dans une cour d'honneur. M. Coquelin, qui dit les vers mieux qu'il ne les juge, s'est épris des vers à sentiment de l'auteur des *Pages intimes* converti aux ouvriers, et il s'en va les débitant dans les salons, où, s'il continue ce jeu dangereux, il étiolera son talent. J'ai vu Mlle Rachel, à qui on faisait lire, dans les salons, jusqu'aux sermons de Massillon, perdre, comme actrice, à ce jeu-là ! D'ailleurs, si M. Coquelin a porté bonheur à M. Manuel, M. Manuel ne l'a pas rendu à M. Coquelin. Le soir des *Ouvriers*, je l'ai trouvé moins bon qu'à l'ordinaire. Le sentiment pleurard ne sied point à ce visage à la Préville, à ce nez dilaté pour les grands effets comiques, et à cette voix qui n'a pas été faite pour se briser dans des sanglots…

Ah ! la fausse sentimentalité qui pourrit tout, à cette male heure, va-t-elle donc aussi faisander ce talent sain, frais et vigoureux, sous prétexte de l'attendrir ?

IV

Pendant que le Théâtre-Français ouvrait ses grandes portes à cette bucolique vertueuse et parisienne des *Ouvriers*, M. La Tour Saint-Ybars, le repoussé d'*Alexandre devant Tyr*, forçait, lui, celles de l'Odéon. On a fini par y jouer son *Affranchi de Pompée*. M. La Tour Saint-Ybars est, tout le monde le sait, le dernier des Romains de la Tragédie, et il met au service de cette forme dramatique, selon moi, complètement épuisée, une vaillance d'esprit et de volonté héroïques, mais qui ne l'empêcheront pas de mourir; car elle est déjà morte.

La Tragédie, c'est comme l'Académie ! Des morts sur pied, qui ont oublié de se faire enterrer, mais sur lesquels, avant très peu, on mettra le caillou final. M. La Tour Saint-Ybars, qui est très vivant, lui, pourrait faire, s'il le voulait, des choses très vivantes. C'est un esprit plein d'alacrité, de saillie, de fermeté, de conscience littéraire; un véritable homme de lettres du meilleur temps et du meilleur ton. Il fut célèbre de bonne heure. Quand cette forme de la tragédie, après les excès du Romantisme, fit cette réaction que l'on prit pour une renaissance, M. La Tour Saint-Ybars fut un des galvanisateurs. Fils de l'Ariège, ce pays des hommes de fer, M. Saint-Ybars, qui, par parenthèse, pour une tête de ce métal, a une physionomie bien aimable, s'est obstiné à la tragédie, comme si vraiment il avait une tête de fer.

On a cru un instant, il est vrai, qu'il y avait renoncé pour l'Histoire, cette autre tragédie, cette tragédie des tragédies, — immortelle, celle-là !

En effet, il publia (et il y a bien peu d'années) une *Vie de Néron*, érudite et colorée, dans laquelle le poète se retrouvait et se reconnaissait sous l'historien... Ce livre, par-dessus lequel les Superficiels de la Critique ont glissé, comme des patineurs, en faisant deux ou trois arabesques de phrases sur ce sujet de Néron, le meilleur sujet pour les bons patineurs, en fait de style, qui peuvent tracer dessus toutes les volutes de leur patinage sans danger, ce livre d'Histoire sera compté plus tard; car, en Histoire, — et ceci est particulier à l'Histoire, — on ne perd jamais le profit de ce qu'on a fait.

Singulière idée pour un poète tragique qui devrait augmenter l'horreur de tout, l'idée du livre de M. La Tour n'allait à rien moins qu'à diminuer l'horreur que cause la tête médusante de Néron ! Il la prit dans ses mains, cette boule monstrueuse, qui ne mérite pas de s'appeler une tête d'homme, et il essaya de la *réduire* à d'humaines proportions. Mais il ne put pas. Elle lui résista. Seulement, le hideux bronze gardera l'empreinte des fermes mains qui l'ont touché, et les idées de Saint-Ybars seront, dans l'avenir, discutées, quand il s'agira de comprendre quelque chose à ce sphinx affreux de Néron... Chrétien, du reste, comme devait l'être un descendant en si ligne droite de Corneille et de Racine, M. La Tour Saint-Ybars, s'il n'a pu rien réduire de la monstruosité de Néron, a pu, en revanche, dilater magnifiquement, dans son histoire, les premières sublimités du Christianisme naissant. Saint Pierre, à Rome, les prédications de saint Paul, les martyrs égorgés au Cirque ou flambants comme des torches dans les jardins de Néron, tout cela est plus grand et plus vivant aussi de la vie éternelle, quoique choses mortes, que la Tragédie à laquelle M. Saint-Ybars est resté fidèle et que son *Affranchi de Pompée,* joué à l'Odéon l'autre soir.

On a fait tout pour en faire de la vie. M. La Tour Saint-Ybars n'est pas un Viennet, cet immobile impénétrable. Lui, comme Memnon, est pénétrable et résonnant à la lumière. L'*Affranchi de Pompée,* qui s'appelle un drame, a cela du drame qu'on y rit et qu'on y sourit, chose inconnue à Campistron ! Tout fidèle qu'il soit resté à la tradition de la tragédie solennelle, M. La Tour Saint-Ybars a dégonflé cette tragédie. L'*Affranchi de Pompée* est conçu comme les tragédies de Casimir Delavigne, dans lesquelles leur auteur verse un filet de romantisme, comme on met un peu de citron dans les huîtres. L'*Affranchi de Pompée* plaisante, et a de l'esprit avec de l'âme. Mais cela n'a pas suffi pour *faire vivant* et guérir et ressusciter cette hydropique de Tragédie, crevée dans son enflure et dans son eau ! L'innovation mêlée dans cette dose, n'a pas suffi... La langue n'a pas suffi non plus, une langue ferme, sobre, pure, nerveuse, carquois de vers-flèches qui sont partis et ont traversé plusieurs fois la scène, en vibrant !... Il n'a pas suffi du respect avec lequel on a écouté cette tragédie, qui est peut-être la dernière tragédie, dans une salle où la plaie des titis, l'infection des théâtres, a pénétré comme elle pénétrera dans tous... Et, enfin, non plus les acteurs, qui ont fait ce qu'ils ont pu, surtout Berton, lequel a porté avec intelligence, mais trop d'emphase, le rôle de l'affranchi, qui est, à lui seul, toute la pièce.

Que voulez-vous donc que je vous en dise ? C'est une tragédie qui, du reste, a ceci d'ingénieux qu'elle est faite d'une comédie retournée. L'affranchi, hier esclave, est monté au rang de valet, et c'est Scapin, Mascarille, Figaro, sous des habits à la romaine. Comme Mascarille chez Madelon, il fait l'amour sous le nom de son maître, mais, comme la tragédie l'y oblige, il se fait poignarder, pour éviter les coups de bâton à la romaine qui étaient, comme on sait, d'effroyables coups de bâton !

Comme Ruy Blas, ce *ver* d'affranchi, qui se tortille très bien et a la force d'un serpent, est *amoureux d'une étoile*, ou plutôt de deux : les yeux de Mlle Sarah Bernhardt, qui joue la reine d'Arménie, et qui font oublier ses genoux ! C'est le tortillement de ce *ver* d'affranchi dans la maison du consul Pompée et les pieds qui veulent l'écraser, c'est la jalousie des autres valets et de son ancienne maîtresse, une courtisane, qui sont le sujet de la pièce. Tout cela est remué, je le reconnais, par une main expérimentée et puissante, mais ne vivant pas. Cela n'est pas tombé, cependant. Cela reste debout, droit et ferme, et même applaudi ! Mais cela ne vit pas... C'est une exposition du cadavre de la Tragédie, mise debout, hors de son catafalque, et enveloppée dans un suaire de pourpre que lui a passé M. La Tour Saint-Ybars !

Allez voir cela, si le cœur vous en dit ! — mais revenez à la *Vie de Néron*.

LA CHASSE AU BONHEUR

JACQUES CERNOL. — LES CURIOSITÉS DE JEANNE

Lundi, 31 janvier 1870.

I

Trois premières representations du même coup. Bravo! Voilà ce qui s'appellerait marcher... si cela avait marché! Mais, excepté les *Curiosités de Jeanne,* — une petite pièce qui va très bien, elle, gaie et jouée gaiement, — les deux autres, comme dans la chanson, avaient *mal au pied, ces marmottes!...* La Chasse au bonheur* n'a eu de gibier que l'ennui, mais comme elle l'a fait lever! Et le *Jacques Cernol,* en trois actes, la grande pièce des trois, n'a pas trouvé le succès auquel elle chassait. Hélas! ce n'est pas encore avec cette pièce-là que le Directeur du Vaudeville désensorcellera sa salle; car vous savez que la salle du Vaudeville est ensorcelée ? C'est une salle jolie, aux lignes droites et nettes, à la distribution *pensée,* originalement élégante, petite, — mais comme les yeux d'Angélique dans M. Jourdain, qui disent plus de choses que s'ils étaient grands, — digne enfin d'encadrer les plus charmants spectacles, et pourtant rien ne réussit, dans cette salle-là, depuis qu'elle est ouverte ! La cage est prête... *l'oiseau que j'attends* ne vient pas. Est-elle comme la fameuse et mystérieuse guérite du camp de Boulogne, où tous les factionnaires se brûlaient la cervelle ? Toutes les pièces qu'on y joue doivent-elles, les unes après les autres, y rater ?...

M. Harmant a fait comme Mazarin, qui ne croyait qu'aux gens heureux. Il a pris pour déguignonner son théâtre un homme heureux, M. Cadol, qui a réussi tout de suite au théâtre de Cluny dans les *Inutiles*, et dans la *Belle affaire* au théâtre du Château-d'Eau. Mais voilà que M. Cadol, en travaillant pour le Vaudeville, n'a été ni plus heureux ni plus spirituel que tous ceux qui, jusqu'à ce moment, ont travaillé pour le Vaudeville. Il semble qu'il ait mis ce théâtre sur son talent, comme un éteignoir !

II

Franchement, il n'en a pas eu la moindre étincelle aujourd'hui ! *Jacques Cernol,* comme on l'a dit très vite, car cela saute aux yeux, est tout uniment *Le plus heureux des trois,* mais en mélancolie. C'est le drame de la comédie de MM. Labiche et Gondinet. C'est le cocuage touchant, le cocuage pathétique, au lieu du cocuage heureux et gai, mais c'est toujours le cocuage, que l'on veut à toute force relever dans l'opinion et populariser. Chose singulière ! quand, en France, et surtout à Paris, une idée quelconque a eu du succès, on croit qu'il n'y a pas de raison pour que ça finisse. Tout le monde, tous les pauvres d'idées se jettent sur celle-là; ils la reprennent, la pressent, la retournent, la sucent, la ressucent, et elle n'est bientôt plus qu'une vieille peau d'orange aplatie et épuisée jusqu'au zest. Telle est l'idée de la pièce de M. Cadol (l'infériorité de l'amant devant le mari), qui, comme on l'a très bien remarqué, est en train présentement de faire le tour de tous les Théâtres. C'est comme une consigne du gouvernement, cette idée-là ! Je crois bien qu'elle ne fera que le tour des Théâtres... Elle ne fera pas son tour de France, cette idée si opposée au génie gaulois et aux vieilles traditions des mœurs ou des immoralités françaises! Elle ferait peut-être son tour d'Angleterre, si elle était née dans le pays de l'amour conjugal tant admiré par Mme de Staël, mais en France, ce pays du grand Rabelais et du grand Molière, elle ne peut pas s'avancer bien loin ni tenir bien longtemps la campagne. On n'aura pas la peine de l'arrêter à la frontière. Elle n'ira pas jusque-là!

Les pauvres diables d'amants, qu'on arrange si bien par le temps qui court, peuvent être tranquilles. Malgré toutes les comédies et les drames qui les vilipendent, les maltraitent et les flanquent à pied, ils continueront, sans se troubler, leurs petites affaires, et remonteront prochainement sur leurs bêtes, — s'ils en sont même jamais descendus. Le métier d'amoureux restera bon, envers et contre tous! Les hauts moralistes de théâtre, qui se soucient de la morale comme de Colin-Tampon, mais à bout d'idées, un soir, n'en pouvant plus, tirant la langue, se sont dit : « Comment faire du neuf?... Tiens! l'antithèse gouverne le monde. Si nous renversions les vieilles propositions connues! Si nous faisions, par exemple, de la position, assez peu enviée jusqu'ici, de Georges Dandin, une position toute contraire à celle dont Molière l'a fait jouir! Si nous lui donnions une situation agréable, honorable, intéressante, heureuse! » — Et les voilà qui se sont mis à *démancher* sur ce paradoxe. Neuf, certainement, cela l'était, et même semblait moral par-dessus le marché... Mais les hauts moralistes de théâtre, qui jouent la comédie en écrivant les leurs, ne sont pas assez bêtes pour croire à la moralité de ce qu'ils font!

Ils sont maris... peut-être, et en cette qualité de maris, ils ne sont pas fâchés de relever les actions de leur confrérie. Mais, si maris soient-ils, avec ou sans panache, ils pensent bien, au fond, que, dans la vie, le rôle de l'amant est encore le meilleur de tous, et qu'ils auront beau crachoter dessus avec plus ou moins de volupté, ils n'en dégoûteront pas les autres. « Que deviendrait le monde sans ses pauvres abus? » demandait Shakespeare. L'amant sera longtemps un de ces abus-là! C'est un abus que chacun voudrait être, et qu'on est fier d'être, quand on l'est; car ce sont les amants qui ont créé les fats... Rien donc ne prévaudra et ne peut prévaloir contre la croyance de l'humanité tout entière. La pécheresse éternelle et qui adore son péché, s'obstinera toujours à voir le bonheur où elle l'a toujours mis et d'où l'on veut le déplacer! Et, de fait, cela peut être joli et plaisant, un soir, — et pour mon compte je l'ai trouvé tel, — de voir un amant chauffer les serviettes que le mari va appliquer sur son précieux ventre, mais cela ne détruit pas du tout le bonheur du chauffeur de serviettes, qui sait bien ce qu'il fait en les chauffant, et qui pourrait en rire *in petto,* au lieu de s'en impatienter. Il n'en reste pas moins, en réalité, le plus heureux des trois (ancien style), et le mari, le plus ridicule des trois (ancien style), malgré ses cataplasmes triomphants.

Et si vous en voulez la preuve, vous l'avez sous la main! Demandez à chacun de ceux qui rient dans la salle quel est celui des trois qu'il voudrait être?... Vous verrez ce qu'on vous répondra.

III

Et ce que je dis là, le drame de M. Cadol le prouve encore plus, s'il est possible, que la comédie de MM. Labiche et Gondinet Son mari, à lui, M. Cadol, n'est pas ce bourgeois si drôlement *cornifistibulé* auquel Geoffroy communique encore son propre comique. C'est un encorné de plus sérieuse ramure ; c'est un personnage grave et doux, digne et tendre, un vertueux sans une tache, un vertueux de la plus belle eau. Et Parade, à la figure honnête, qui joue ce Jacques Cernol avec une sensibilité profonde et des nuances indéfinies, sauve la niaiserie du personnage à force de talent d'acteur.

Eh bien, qui voudrait cependant endosser pour son compte la simplicité de ce vertueux et adorable Cernol, qui croit à la vertu de sa femme comme Orgon croyait à Tartuffe? Qui voudrait être ce Jacques Cernol, ce bon des bons, ce parfait des parfaits, cet élu des élus, — qui n'est plus du tout le grotesque, l'égoïste, le suffisant Marjavel?... C'est que le ridicule, qui empêche *Le plus heureux des trois*, l'éternel ridicule qui s'attache au mari trompé, est exactement le même dans tous les deux : dans l'infortuné comme dans le fortuné! dans le touchant comme dans le risible! et encore plus dans le touchant que dans le risible; car, taupe pour taupe, en fait de myopie conjugale, le touchant et le sentimental est encore le plus taupe. Si, dans la pièce de MM. Labiche et Gondinet, Marjavel est dupe des comédies de sa femme et de son amant, lesquels se donnent une peine du diable pour tromper *leur* homme, Mme Jacques Cernol, qui a l'adultère orageux, trompe le sien avec des agitations, des remords, des peurs blêmes et convulsives, dont s'apercevrait un Quinze-Vingt!

C'est, en effet, le Quinze-Vingt conjugal le plus complet, le plus hermétiquement fermé, le plus à tâtons, que Jacques Cernol! mais ce qui est bien pis que d'être aveugle, c'est un Quinze-Vingt à illusions. Non seulement il ne voit pas ce qui est, mais il voit ce qui n'est pas. Sa foi conjugale, à ce crédule, se dresse et fleurit au milieu des plus larges, des plus épanouies et des plus bêtes illusions! Sa femme vit depuis longtemps sous ses yeux avec son ami de Bliac, et Mme Thèse, qui jouait ce rôle, n'a pas fait comme Parade; elle n'a rien sauvé de son rôle. Elle l'a crispé, haleté, poitriné. Tout le temps qu'il a duré, elle a, Dieu lui pardonne! fait faire plus d'une lieue à sa gorge, à la remonter et à la descendre, dans ses respirations et suffocations. Jacques Cernol, qui la croit pure et la voit tranquille, s'imagine que Bliac est amoureux de sa nièce et que sa nièce est amoureuse de Bliac; et comme rien ne paraît de cet amour qu'il invente, il invente aussi pour Bliac une discrétion et pour sa nièce un sentiment qu'elle ignore elle-même, et qu'il s'obstine, le têtu! à maintenir, même contre eux!!

J'ai parlé d'Orgon, mais Orgon est ici dépassé, et même Mme Pernelle. Seulement, il ne faut pas l'oublier, Orgon et Mme Pernelle sont des personnages du plus haut comique, et voilà pourquoi leur crédulité, qui nous fait rire, ne nous choque pas, et que nous l'acceptons en riant. Mais Jacques Cernol n'est pas, lui, un personnage de comédie. C'est le héros d'un drame dans lequel il n'y a pas le mot pour rire; c'est un monsieur qui doit rester noble, majestueux, pathétique, et la crédulité qui ne déshonore pas le bonhomme Orgon ni la vieille bonne femme Pernelle, le déshonore, lui, à ce point que tout l'intérêt de la pièce meurt dans le mépris qu'il inspire... C'est lui qui la nomme et qui la tue. Jacques Cernol, qui veut être un type de drame, n'est qu'un type de comédie déplacé, et, par le fait de son déplacement, misérablement aplati.

On n'a pas ri; on ne devait pas rire. Mais si Jacques Cernol n'avait pas été si sottement ou imbécilement crédule, on aurait pleuré peut-être; on se serait au moins attendri. Au lieu de cela, on est resté froid devant cet homme qui vous dégoûte de sa bonté à force de patauger dans l'illusion, et qui s'y replonge volontairement jusqu'aux oreilles, quand on l'a pris par les oreilles pour l'en tirer. On est resté glacé et rigide devant cette grande maladresse, et on a pu compter alors, autour de celle-là, les autres maladresses circonvoisines. Toute la pièce de M. Cadol n'est, en effet, qu'une suite de gaucheries et d'inconvenances. Après Jacques Cernol, le gobe-mouche conjugal qui avale des montagnes, il y a le fils de Cernol, qui s'en est allé de chez son père pour que sa belle-mère et de Bliac pussent faire l'amour pendant ce temps-là, et qui revient précisément chez son père pour intervenir dans cet amour coupable, — pour tomber à pic, comme l'ange d'Héliodore, entre les deux concubins qui souillent la maison paternelle. Or, ce jeune Albert Cernol est un blanc-bec, joué par Abel avec cette miniature jeunette et pointue qui lui sert de figure et qui ne diminue pas le blanc-bec, je vous jure! et rien n'a paru plus choquant que ce polisson qui s'avise de faire le magistrat et le *pater familias* chez son père, vis-à-vis de la femme de son père... *De quoi donc se mêle-t-il, celui-là ?* est le mot qui est parti de tous les points de l'orchestre, où j'étais, et le mot était juste. De quoi se mêle-t-il, en effet?... Qui lui donne le droit de haute et basse justice, à ce gringalet qui se revêt de l'attitude et de l'indignation qui conviendraient à son père seul vis-à-vis d'une femme plus âgée que lui, et qui, toute coupable qu'elle est, devrait l'envoyer promener à la première des questions qu'il se permet de lui poser? Mme Jacques Cernol est une femme du monde. Est-ce que les femmes du monde, fussent-elles dans la position de Mme Cernol, se laisseraient traiter par leur beau-fils comme elle se laisse traiter par le sien? Et quand on songe qu'elle est aimée de son mari avec une idolâtrie à ne croire jamais rien que ce qu'elle voudra lui faire croire, l'impossibilité s'ajoute à l'inconvenance de la situation, et qu'on se dit que tout ce drame est là, il est jugé.

Il est jugé, et rien n'a infirmé le jugement qu'on en a porté l'autre soir. Le fils vengeant l'honneur de son père outragé, cela s'est fait assez bien du temps du vieux Corneille — *Cornelio regnante* — pour qu'on n'osât pas recommencer. M. Cadol a voulu nous donner aussi un petit Cid de sa façon, qui n'a pas été armé comme l'autre par son père, mais qui s'est substitué à son père avec une curiosité impertinente et la plus odieuse des indiscrétions. Je sais bien que la donnée de ce drame était très scabreuse, aussi l'auteur s'y est-il brisé... J'ai cherché l'homme de talent dans ses débris. Je n'ai pas trouvé une seule scène, un seul trait, un seul mot à retirer de cela et à citer. Style plat, dialogue nul. On a écouté patiemment et on s'est patiemment ennuyé.

Dans un rôle qui n'a que deux scènes (malheureusement !), Colson a été un cocher tellement cocher de tenue, de tournure, de physionomie (un chef-d'œuvre !), qu'il aurait fait hennir les chevaux, qui l'auraient reconnu pour cocher, s'il y en avait eu dans la salle. C'est l'unique gaieté qui se soit glissée, grâce à Colson et non pas à M. Cadol, dans l'ennui morne de sa pièce.

IV

Mais la pièce finale nous a vengés. Il est vrai qu'après *Jacques Cernol* nous étions en disposition de jouir de la moindre chose, et nous avons eu cette petite chose-là. Les *Curiosités de Jeanne* sont les curiosités de toutes les femmes (de province ou non), que la vie de garçon fait rêver. Elles veulent toutes aller une fois au bal masqué pour savoir ce qu'on y fricasse, et c'est cette situation fréquente et vulgaire que M. Verconsin a traitée avec esprit et légèreté. Le Vaudeville, raidi par les prétentions pédantes et dramatiques de gens qu'on devrait en chasser, est redevenu pour une demi-heure le Vaudeville. Il ne manquait que des couplets à cette petite pièce pour en être un, ainsi qu'autrefois on en mettait, comme des grelots au tambourin... Jeanne, la jeune mariée que son mari conduit au bal masqué et qui a voulu souper au restaurant, est prise pour tout ce qu'elle n'est pas par tout le monde, par le garçon du restaurant, par les soupeurs d'à côté, par les gens qui se trompent de porte et de numéro, et cette suite de tribulations est d'un comique très observé et très franc.

Delannoy, grimé avec un art qui m'a pendant quelque temps empêché de le reconnaître, a joué avec une solennité des plus bouffonnes le rôle du garçon de restaurant, sentimental et philosophe, le contempteur jérémiaque des soupers qu'il sert et des convives auxquels il donne des assiettes. Il a été excellent en ses mélancolies sur le sort de Jeanne, qu'il prend pour une cocotte tout le temps de la pièce, et qu'il veut arracher à son affreux métier de cocotte! Jeanne, c'était Mme Grivot, Mme Grivot aux belles dents, à faire fermer jalousement la bouche à Mlle Cellier, qui en a déjà de si belles! Mme Grivot, au nez passionné, aux yeux intelligents et acérés comme des flèches qui ne font pas de mal, mais du bien, au contraire. Avait-elle des mouvements assez chastes, dans sa robe bleu de ciel, au milieu de toutes ces égrillardises?... Elle était charmante et elle deviendra une charmeuse. Étoile sous le nuage encore! Pourquoi ne donne-t-on pas un rôle à Mme Grivot? Pourquoi ne lui donne-t-on que des papillotes de rôles, sous lesquelles elle plaît comme les femmes vraiment jolies, qui savent être jolies en papillotes? Moi aussi, comme Francisque Sarcey et comme bien d'autres, je voudrais la voir *coiffée* de ce qu'on peut appeler un rôle. Je suis sûr qu'elle aurait alors un succès fou.

Un succès qui récompenserait M. Harmand de sa sagesse !

LUCRÈCE BORGIA

LA CHARMEUSE

Dimanche, 6 février 1870.

I

Lucrèce Borgia! Enfin! Après tant de cérémonies!... C'était bien la peine d'en faire tant! En redemanderont-ils encore, du Hugo l'Ancien, qui n'est plus Hugo le Superbe? Tout le monde y était, comme en 1837; tout le monde de ce temps-ci, comme tout le monde de ce temps-là. Curieux, bruyant, badaud, benêt, affolé. Les générations se ressemblent plus qu'on ne croit. Il n'y a que les mêmes pièces qui ne soient plus les *mêmes* au bout de trente ans! Elles dormaient dans leur beauté qui semblait éternelle, et, comme ce soir, quand on les réveille, voici les rides, l'aplatissement; des vessies qui crèvent et qui, enflées autrefois, paraissaient des globes que Charlemagne Hugo tenait dans sa main! Ah! les prétentions et les insolences du Romantisme, où sont-elles, maintenant?... Comme Racine est férocement vengé! Après ce déterrement de *Lucrèce Borgia,* comme ce *polisson* de Racine éclate de jeunesse, dans son immortalité!

Je le dis avec tristesse; car c'est encore un pan d'une Œuvre qu'on croyait monumentale qui s'écroule! *Lucrèce Borgia,* qui n'a plus pour la soutenir les épaules michelangelesques de ces deux cariatides colossales: M{*lle*} Georges et Frédérick Lemaître, a fait sa chute, qu'on n'a point entendue sous un fracas d'applaudissements sans sincérité littéraire, et qui avaient leur raison d'être ailleurs que dans l'émotion, la noble émotion causée par les choses de génie! Privée des deux interprètes qui ont plus fait dramatiquement pour M. Victor Hugo que M. Victor Hugo n'a jamais fait pour eux, *Lucrèce Borgia* — à l'exception de M{*me*} Marie Laurent, dont je parlerai tout à l'heure, — a été jouée moins par des acteurs que par des costumes, devant un public de parti... pris, qui cherchait partout dans le texte de la pièce des allusions et des insolences à l'adresse du Pape et de l'Empereur, et qui, trépignant, en trouvait. Encadrée à chaque acte dans une boue d'injures dont tout ce qui est journaliste a reçu les éclaboussures au visage, *Lucrèce Borgia* n'en a pas moins paru à ceux qui l'ont écoutée pour elle-même aussi morte que chose dramatique et littéraire puisse être morte.

Il y a cinq cercueils dans *Lucrèce Borgia*, qui finit, comme on sait, par ce coup monté des cinq cercueils. Eh bien, je dis comme Gennaro ! La prochaine fois, qu'on en mette six. Le sixième sera pour la pièce !

II

Morte ou vive, du reste, mais reprise pour reprise, la reprise de *Lucrèce Borgia* n'aura donc pas, malgré le bruit du premier jour, le succès de la reprise d'*Hernani*, et voici tout simplement pourquoi : entre *Hernani* et sa reprise, il y avait seulement M. Hugo, M. Hugo seul, tandis qu'entre *Lucrèce Borgia* et sa reprise, il y a un autre qui a passé sur le corps à M. Hugo dans la préoccupation populaire, il y a M. Rochefort. M. Victor Hugo n'est plus le premier pour tous ces applaudisseurs qui se soucient de la littérature comme ceux-là qui abattirent la tête de Chénier, et cela lui *raccourcira* l'applaudissement !

Les journalistes, insultés lâchement par la foule à la première représentation de *Lucrèce Borgia*, ne viendront pas là tous les jours. Dans une quinzaine, on n'aura plus que la pièce toute seule à juger, une pièce que je ne dis morte aujourd'hui que parce qu'autrefois on l'a trouvée vivante, mais qui, en réalité n'a jamais vécu.

Oui! c'est nous seuls qui avons vécu : ce n'est pas cette pièce. C'est nous qui avons transposé la vie de nous à elle! C'est nous qui l'avons faite vivante, parce que nous étions vivants! Il y a des époques comme cela dans l'histoire de l'esprit humain et de ses littératures, où la vie en abondance, comme dans la jeunesse, tombe sur des œuvres qui par elles-mêmes manquaient de vie, et fait croire un instant qu'elles en ont, quand elles n'en ont pas. La vie bouillonnante déborde *sur* elles, mais n'est point *en* elles, et c'est ce qui est arrivé à la *Lucrèce Borgia* de M. Hugo, qui n'est vivante ni de fond, ni de forme, ni d'auteur; car la vie, c'est la vérité! *Lucrèce Borgia* est une déclamation romantique, comme *Hernani*, d'ailleurs, et même comme toutes les pièces de M. Hugo, qui est un poète lyrique mêlé encore de déclamation, mais qui n'est, au Théâtre, qu'un déclamateur dramatique, sans mélange d'aucune autre chose. *Hernani* ne vit pas plus de la vie intime, sincère, profonde, humaine enfin, que *Lucrèce Borgia*;

mais *Hernani* a cet avantage sur *Lucrèce*, qu'il est écrit en vers, et que M. Hugo sait marteler le vers !

Le vers, que M. Victor Hugo forge comme une armure, fait corselet à sa déclamation et la diminue, cette Ampoulée, en la revêtant... Tout ce gonflement, tout cet extravasement, toutes ces grosseurs, le vers appuie dessus, comme un bandage d'acier, et les rentre. Mais en prose, rien de pareil. Dans cette prose de *Lucrèce Borgia*, par exemple, dans cette prose carrée, et cannelée, et crénelée, et crêtée comme un plat monté de pâtisserie, il n'y a plus que le déclamateur avec toutes ses exubérances, avec toutes ses exagérations volontaires ou calculées; il n'y a plus là qu'une espèce de Corneille bossu, comme l'a écrit un jour Henri Heine, — (il écrivit *bossu*, et c'est moi qui écris *Corneille*), — un Corneille bossu, mais avec une bosse de chameau ! Tel apparait M. Victor Hugo dans *Lucrèce Borgia*.

Si on dit du vieux Normand Corneille qu'avec ses tirades il *plaidait* trop dans ses tragédies, et qu'il y faisait même les deux avocats, que peut-on dire de M. Hugo avec ses tirades aussi ? — ses longues tirades de prose géométrique qui ressemblent à des paraphes, et dans lesquelles pas une phrase ne coule naturelle, ou ne se brise émue, et où toutes, au contraire, craquent toujours ! On pourrait, en effet, appeler M. Hugo : Un *craqueur* dramatique. Je ne connais personne, fût-ce Voltaire, l'inventeur de la théorie du *frapper fort plutôt que juste,* qui puisse mériter mieux ce nom. La Lucrèce Borgia, que M. Hugo a sculptée, dans l'ordre moral, comme il a sculpté Quasimodo dans l'ordre physique, non seulement n'est pas faite pour frapper en *vrai humain*, mais en *monstrueux intéressant ;* car il fait de son monstre une mère. Et ce n'est pas tout ! le déclamatoire et le faux sont tellement dans le génie de M. Hugo, qu'il ne s'est pas plus inquiété, dans son drame, de la vérité historique que de la vérité humaine, et que, par le côté de l'Histoire, il est allé aussi au monstrueux.

Et rien n'a pu l'en empêcher ! Ni ses connaissances littéraires, ni l'aristocratie dans la pensée qui devrait être naturelle à un homme comme lui et lui faire mépriser la route vulgaire, l'idée commune, le préjugé rampant, ne l'ont empêché de se mettre à plat ventre dans l'ornière historique où boivent, depuis trois siècles, les ignorants et les imbéciles ! Il a donné, comme un Prudhomme, dans les crimes des Borgia, cette déclamation qui faisait hausser de pitié les maigres et ironiques épaules de Voltaire. Ni Voltaire donc, qui ne croyait pas aux abominations d'Alexandre VI, quoique Pape, ni les récents historiens qui ont nettoyé la place des ordures qu'un domestique voleur et chassé (Burchart) avait entassées sur la mémoire de ses maîtres, ni Roscoë, ni Audin, ni Rohrbacher, n'ont pu arrêter M. Hugo devant cette immense badauderie des crimes des Borgia, et il s'y est plongé avec délices, et il a trouvé commode pour son drame et charmant pour le succès et la morale de la chose, de coller un masque d'infamie au front de Lucrèce.

Et pourtant, de tous les Borgia, c'est elle qui est sortie la plus pure, la plus justifiée de la science et de la recherche historiques. Sur les autres, sur César surtout, il n'y a ni plus ni moins grande, mais il y a la tache qui est sur tous les princes du temps, devenus, sans exception, des princes païens, de chrétiens qu'ils étaient, sous les souffles de la Renaissance. Mais sur Lucrèce, maintenant, il ne reste plus rien. Lord Byron, s'il revenait au monde, ne voudrait plus de la mèche de cheveux pour laquelle il aurait tout donné; car cette mèche aurait été coupée sur une tête vertueuse... Or, c'est précisément cette tête vertueuse que M. Victor Hugo a choisie, parce qu'on en avait fait un mensonge, — un mensonge accepté, une calomnie consacrée, — et qu'ainsi il avait un public aux mains toutes prêtes à applaudir les mensonges qu'il y ajouterait!

Et le talent avec lequel il a commis cette mauvaise action historique, le talent qui n'innocente rien des choses coupables, n'est pas plus vrai que la Lucrèce Borgia qu'il nous a donnée. C'est un grand talent, que l'auteur de *Lucrèce Borgia,* mais sans âme, ni flamme, n'ayant de force que dans les mots. Il y a des gens déclamatoires qui finissent par être inspirés ; il y a des gens qui partent de la déclamation comme M. Victor Hugo, mais qui finissent par s'échauffer, par trouver la passion, par allumer cette torche... Diderot et Mirabeau, par exemple, étaient de ces gens-là. On est à genoux aux pieds d'une femme ; on commence par mentir, — par mentir hideusement ; puis, à force de mentir, la sensibilité s'en mêle, on est ému, et le Lovelace se fond dans l'homme vrai. Mais M. Hugo, non ! Jamais ! Dans sa *Lucrèce Borgia,* il taille tout le temps des tartines de longueur. Les couplets, évidemment de facture, n'en finissent. Tout a, là dedans, une régularité désespérante. Tout y est pendant et pendeloque. Tout y est battants de cloches qui se répondent, comme les horloges d'une ville sonnant la même heure. Tout s'y regarde et y marche du même pas... On y injurie à cinq ; on y meurt à cinq ; on y fait tout à cinq. Gennaro est comme le treizième à la douzaine ; c'est le six des cinq. Dans ce drame, romantique soi-disant, la plaisanterie, quand il y en a, n'est pas plus gaie ni plus naïve que l'image n'y est spontanée. « Voyez-vous, madame, « (dit Gubetta, acte I, partie II), un lac, c'est le « contraire d'une île ; une tour, c'est le contraire « d'un puits ; un aqueduc, c'est le contraire d'un « pont ; et moi, j'ai l'honneur d'être le contraire « d'un personnage vertueux... » Et le contraire aussi d'un personnage plaisant et léger, qu'il faudrait cependant mêler aux personnages tragiques dans la théorie romantique de M. V. Hugo, — de M. Hugo qui s'est le plus moqué des lignes de Le Nôtre et des tilleuls taillés des jardins de Versailles, et qui, de tous les hommes peut-être, est celui, certes ! qui le moins en avait le droit.

III

Ah ! si, après trente ans, on faisait l'analyse de cette pièce comme si elle était d'hier, quelle démolition et quelle débâcle. Mais quand les gens sont morts, pourquoi les couper en morceaux ?... Cependant, il y a des naïfs, il y a de jeunes âmes, qui, terrifiés par un grand nom dans lequel a soufflé la Gloire, ont trouvé grand ce qui n'est qu'enflé, et ont pris un travail affreux pour de l'art. A ceux-là, prouver que l'édifice du *craqueur* dramatique est craqué, serait peut-être utile. Les scènes qu'on a citées comme belles, il est peut-être bon d'en montrer le prix. On a cité celle d'Alphonse d'Este avec sa femme Lucrèce, quand elle veut obtenir de lui la grâce de Gennaro. Un critique spirituel a très bien vu et très bien dit que cette scène n'était plus qu'absurde, du moment que Lucrèce peut faire cesser les résistances et le refus d'Alphonse en disant qu'au lieu d'être son amant Gennaro est son fils. Mais cette scène a d'autres défaillances. Lucrèce, qui veut reséduire son mari pour avoir la grâce de Gennaro, est d'une maladresse d'empressement ! Que j'ai trouvé ses coquetteries grossières, à brûle-pourpoint, crevant les yeux! Souricières à gueule de four ouvert! Mais quand je les trouverais, vu la sottise des hommes avec les femmes, irrésistibles, je n'admettrais pas pour cela la scène qui suit, réellement par trop bête (il faut dire le mot!) pour passer. Comment! cet Alphonse d'Este, cet implacable mari, est un Italien du seizième siècle... Il vient de forcer la Lucrèce d'empoisonner Gennaro, et après cette scène de l'empoisonnement aux *deux flacons (le flacon d'or* et le *flacon d'argent*, puérile antithèse d'un homme qui mène jusque-là ses antithèses!), ce mari inséductible, qui est (n'oubliez pas cela!) un

Italien jaloux du seizième siècle, s'en va tranquillement pour qu'ils se caressent un peu, s'ils en ont envie, et ne pense pas au contrepoison que Lucrèce ne manque pas d'administrer à Gennaro immédiatement, dès qu'Alphonse a le dos tourné. Je sais bien qu'il faut arriver à la scène finale des *cinq cercueils,* pour laquelle a été construite, comme on a pu, toute la pièce, — parade funéraire qui fit jeter les hauts cris de l'admiration horripilée au public de 1837, mais qui ne nous a pas beaucoup émus, nous autres blasés, depuis si longtemps, par des mises en scène autrement formidables, et qui avons tué tous nos effets de Tragédies avec des effets d'Opéras !

IV

Cette scène, qui n'a de neuf que les cinq cercueils en file, et qui est précédée d'un souper où ces aimables et élégants seigneurs d'Italie, couronnés de roses, s'appellent « volailles » et s'injurient comme au cabaret; cette scène, qui rappelle, par le chant des moines, la scène de la Marguerite de Gœthe dans l'église, entendant aussi le chant des prêtres, a été suivie du dénouement suprême qui, après Gœthe, a rappelé Shakespeare, quand Othello dit à Desdemone de faire ses prières parce qu'il va la tuer tout à l'heure. Réminiscence sur réminiscence ! La seule originalité de M. Victor Hugo a été les tirades de la mère, qui se déploient comme le Meschacébé, à cette heure haletante où il ne faudrait que des monosyllabes et des cris, avant d'arriver à celui-ci, qu'elle devrait jeter d'abord, mais qui supprimerait tous les autres : « Ne me tue pas, je suis ta mère ! »

Mme Marie Laurent a joué avec beaucoup de talent cette scène difficile. Elle y a été pathétique et poignante autant qu'on pouvait l'être dans ce dégorgement de paroles. Mme Marie Laurent, la nature la plus spontanée, la plus sensible, la plus inspirée, a dû cruellement souffrir d'être obligée de mettre son âme dans toute cette déclamation, qui empâterait les ailes d'un aigle, et qui, malgré elle, a alourdi son jeu. Selon moi (qu'elle me permette de le lui dire !), elle n'a pas joué assez rondement, assez vivement, avec cette flamme qui doit brûler un rôle trop long; elle a trop ponctué ces tirades de *Lucrèce*, qui sont M. Hugo faisant une mère.

A cela près de ce défaut, qu'elle peut, si elle veut, corriger demain, Mme Marie Laurent s'est montrée la grande artiste qu'elle est dans tous ses rôles, mais elle y a déployé des qualités qu'on ne

lui connaissait pas. Avec sa chevelure blonde, —
la seule chose vraie historiquement qu'il y ait
dans la *Lucrèce Borgia* de M. Hugo, car la Lucrèce Borgia réelle avait des cheveux blonds, — avec
ses magnifiques yeux, noirs à force d'être bleus,
et sa grande taille, Mme Laurent a été *Titienne-
ment* belle dans toutes ses robes, qu'elle porte à
étonner ceux qui l'ont admirée dans la *Poissarde*
et qui ne peuvent pas l'oublier. Au milieu des
autres acteurs, elle m'a fait l'effet d'un obélisque
dans le désert. Et cet effet-là est d'autant plus
juste dans la pièce de M. Hugo, que l'obélisque
ne soutient d'ordinaire que lui-même, et ne peut
rien pour les débris qui couvrent la terre à ses
pieds...

V

Les gros poissons mangent les petits. La *Lucrèce Borgia* de M. Victor Hugo m'empêchera
de m'étendre sur le drame de M. Touroude, joué
la semaine dernière à l'Ambigu. La Critique a
généralement reconnu dans l'auteur de ce drame,
fait, à ce qu'il paraît, avant le *Bâtard*, qui est
la première pièce jouée à Paris de M. Touroude,

l'ensemble de qualités qu'on peut appeler : *la spécialité dramatique*. Deux à trois scènes d'énergie et de fière hardiesse ne rachètent pourtant pas les inconséquences et la vulgarité de moyens qui les amènent, et qui ne sont pas seulement des fautes entamant la contexture du drame, mais jusqu'aux caractères. Par exemple, il est impossible que la Charmeuse (c'est un mot pour un autre... un autre qu'il faudrait ici) soit ce que le jeune auteur a voulu la faire et qu'elle laisse derrière elle, dans sa chiffonnière ouverte, les billets contractés par elle et acquittés par ses amants, ces billets qui disent la vérité à son mari d'une façon si épouvantable !

Il est impossible, mais radicalement impossible, qu'une telle femme, — une vipère sur sa queue ! — qui sort du domicile conjugal froide, railleuse, son petit front diabolique levé, avec la gangrène insensible et la corruption qui la dévore jusque dans les moelles, laisse aux mains de son mari ces accablantes pièces de conviction qu'elle pourrait si bien emporter ! Pour arriver à cette scène d'une vigueur très rare, M. Touroude a passé comme une locomotive sur le caractère qu'il voulait étreindre, et on n'en a plus rien trouvé. Madame Marneffe, elle ! n'aurait pas oublié ses billets. Du reste, s'annulant, à cet endroit, par le côté impudent et profond, la Charmeuse est nulle, dans toute la pièce, par le côté fascinateur. Il y en a comme cela cent mille, dans Paris! De charmeuse vraie, il n'en est point, dans la pièce de M. Touroude ; il n'y a que des charmés, et encore des charmés très niais... Cependant, mal écrite, à peine en français, inexpérimentée comme une première pièce, la *Charmeuse* de M. Touroude a, du moins, ce qui ne s'acquiert pas quand Dieu ne vous l'a pas donné : — la hardiesse, le tempérament et la flamme!

Ah! c'est quand on sort des grandes pièces péniblement échafaudées et savamment vides, c'est quand on a vu ce que deviennent, après trente ans, les œuvres dramatiques des déclamateurs sans entrailles et des grands artistes matériels en relief et en creux, qu'on apprend à estimer cette flamme et à féliciter ceux qui n'en auraient même qu'une seule étincelle!

MALHEUR AUX VAINCUS :

Frédérick Lemaitre

LA RUE DES MARMOUSETS
LES PATTES DE MOUCHE
UNE FEMME EST COMME VOTRE OMBRE
LE CACHEMIRE X. B. T.
LE MISANTHROPE : Mlle Croisette

———

Samedi, 26 février 1870.

I

Sont-ils bêtes, ces Théâtres ! Pour aujourd'hui, j'entends les Directions... Pas une pièce neuve, la semaine dernière ! Excepté un tout petit Watteau, détaché du mur, à l'Athénée ; un rien du tout, mais charmant : les *Deux Billets*, par Florianet, comme l'appelait Voltaire, et *musiqués* amoureusement, et lestement et joliment, par M. Poise, — qu'on pourrait appeler Poisinet, comme Florianet, Florian ! — Par parenthèse, il y a dans cette amourette, turlurette, musiquette, un acteur qui joue Scaramouche, — il s'appelle Soto et doit être Italien, *sotto voce*, — et qui l'a joué avec le déménement, le déhanchement, les cambrures à la Callot, l'emphase, le rictus aux larges palettes blanches, *l'estro*, enfin, de la vieille Comédie italienne ; barytonnant de la voix... et du reste, et excellent ! Un talent qui point, je vous en avertis !... Seulement, puisqu'il a deviné ce qui n'est plus : la tradition de la vieille Comédie carnavalesque italienne, pourquoi s'est-il permis de changer la tradition du costume de Scaramouche ?... Scaramouche est jaune et noir, et non pas noir et grenat !

Voilà une parenthèse ! Donc, excepté cela, que j'ai vu de hasard, puisque mon métier n'est pas de juger la musique, et la musique en est peut-être bien contente... pas une seule première représentation ! pas un feuilleton possible, la semaine dernière ! Toutes pièces rabâcheuses et rabâchées, et *rabâcheras-tu?* Hélas ! oui ! ils les rabâcheront... Tandis que cette semaine-ci, dégelées et avalanches. Pas assez et puis trop... Distribution pleine d'harmonie ! Cette semaine, comptons : La *Rue des Marmousets*, au Château-d'Eau ; puis Frédérick et *Malheur aux Vaincus !* aux Menus-Plaisirs ; — et le même soir, pour faciliter leur fonction aux critiques, qui ne se coupent pas par tranches pourtant comme des citrouilles : les *Pattes de mouche*, qui sont de vieilles pattes, au Vaudeville, mais avec : *Une femme est comme une ombre* et le *Cachemire X. B. T.*, qui sont, elles, des pattes neuves ! Aujourd'hui, on annonce la pièce de Mme George Sand à l'Odéon. Et c'est ainsi qu'on donne à la Critique, et même au public, des bluettes ! Les Directeurs de théâtre, qui ont pourtant un intérêt à ce qu'on s'occupe de leurs pièces profondément, au lieu de glisser légèrement sur elles, ne savent pas s'arranger de manière à ce que leurs pièces se succèdent sans s'entre-choquer, et ne se marchent pas, les unes les autres, sur les talons. Ah ! bien, oui ! Quand les bateleurs des Champs-Élysées crient, du haut de leurs tréteaux, à la porte de leurs baraques : « C'est ici, messieurs, et non pas là qu'il faut entrer ! » ils savent ce qu'ils font, du moins. Ils se font une basse concurrence de bateleurs, mais une concurrence volontaire. Tandis que MM. les Directeurs de théâtre ne se font qu'une concurrence de maladresses...

Les choses étant ainsi, du reste, et le moyen n'étant pas encore trouvé d'être en même temps à deux théâtres, j'ai préféré — vous le comprenez, n'est-ce pas ? — *Malheur aux Vaincus !* et Frédérick Lemaître, aux *Pattes de Mouche* et à Mlle Fargueil. J'ai préféré au Vaudeville les Menus-Plaisirs, qui, pour moi, n'ont pas été menus. Tout le temps qu'y va jouer Frédérick, il faudra les appeler : « les grands ».

II

Il y a été ce qu'il est toujours, ce noble acteur, quand il reparaît sur nos théâtres, pour donner à ceux qui le suivent dans l'Art et dans la vie le dernier grand modèle sur lequel ils puissent étudier... Frédérick Lemaître est le grand et le seul exemple à cette heure, de l'Art dramatique tel qu'il a existé à de rares époques et tel qu'on le rêve à la nôtre, qui semble, hélas! n'être plus capable que de le rêver.

Frédérick, c'est le seul grand exemple qui nous reste encore. Talma, Mars et Dorval sont morts; mais Frédérick est toujours là! Frédérick, le survivant de tant de gloires dramatiques, remplit ou vide la Scène française quand il y paraît ou qu'il en sort... Aux rudes instants connus de tout ce qui porte le poids de la vie, si Frédérick, lassé de tout, excepté de son Art, abandonne le Théâtre pour quelques mois, on se dit avec inquiétude : « Il ne rejouera peut-être plus », et il se fait, dans les théâtres et dans leurs publics, on dirait de l'ombre et du silence ; mais quand il reparaît, — comme hier, dans cette bonbonnière des Menus-Plaisirs qu'il élargit en l'emplissant et qu'il agrandit de l'ampleur de son jeu, — c'est un coup de lumière et un foudroiement de joie pour tout le monde, mais particulièrement pour les artistes, qui peuvent et veulent voir, avant qu'ils le fassent sortir de leurs têtes, s'ils en sont capables, leur idéal réalisé. Lorsque, pour une raison ou pour une autre, Frédérick ne jouera plus ou ne voudra plus jouer, les artistes qu'il éclaire, qu'il fait réfléchir et qu'il féconde, tâtonneront en eux-mêmes pour y trouver des instincts vrais, s'il y en a, ou de ces lueurs qu'on appelle des intuitions.

Ils sentiront alors tout ce qu'ils auront perdu, et ils garderont une mémoire *enseignante* de ce talent immense, qui ne doit pas, comme les talents médiocres, s'écailler, s'érailler, tomber par morceaux ; mais qui sombrera d'un seul coup, comme un vaisseau de ligne pavoisé, au fond de la mer ! Ce sera bien tard, Dieu merci ! car l'homme est fort dans Frédérick. Jamais plus mâle encolure animale n'a été donnée au génie. Les *Esclaves* de Michel-Ange ne sont pas plus musclés que ce Spartacus du drame romantique, qui n'a pas été vaincu par la Rome tragique, comme l'autre Spartacus, mais qui, lui, a égorgé la Tragédie et mis sur sa gorge le pied de Ruy Blas... Frédérick Lemaître est capable, comme Kean, auquel il ressemble, de jouer encore à cent-cinq ans!

C'est que, comme Kean, il appartient à une race d'hommes incomparable ! C'est un Normand, que Frédérick. Il est du pays des robustes, du pays des Corneille et des Rollon, — et il n'en serait pas qu'il est des sauts et des bonds dans la Nature par-dessus les frontières, et que partout, partout où il serait tombé du ventre d'une femme et aurait vagi, il n'en serait pas moins, sinon du pays, au moins de l'organisation (bien plus profonde que le pays!) de Kean, de Kemble et de Shakespeare. C'est un Anglais, c'est-à-dire un Normand croisé de Saxon, que Frédérick Lemaître. La Nature, qui se moque bien de M. Taine et de ses climatures, l'a fait Anglais, de beauté sanguine et forte. Ce caractère anglais, si affirmé dans Frédérick, frappa un jour le grand sculpteur Préault, qui n'observe pas que dans l'intérêt de ses marbres. Préault avait raison : Frédérick est certainement bien plus Anglais que Français, dans sa nature et dans son jeu. Il ne joue pas avec ses nerfs, comme Rouvière, un grand acteur essentiellement français, même dans Shakespeare. Frédérick joue avec ses muscles, toujours. La grâce, qu'il a parfois exquise, une grâce de Roméo, est toujours la grâce de la force, de l'équilibre, du poids, de la plus étonnante précision, toutes choses anglaises. Si, comme Talma, Frédérick avait joué Shakespeare dans sa propre langue en Angleterre, il y aurait eu dix fois plus de succès que Talma.

Ils l'auraient tous pris pour un Anglais. Il y a une statuette d'O'Connell, qui est un chef-d'œuvre de vérité brutale, et qui le représente le poing fermé, menaçant et *boxeur*, les cheveux hérissés, le gilet débraillé, la chemise ouverte qu'il tient et qu'il déchire, la poitrine au vent, toute une insurrection dans cette attitude ! Eh bien, dans *Kean*, lorsqu'il le jouait, Frédérick avait des moments où il faisait penser à cette statuette d'O'Connell ! Le plus beau de ses rôles, Richard d'Arlington, était un rôle anglais, et voilà pourquoi il le jouait si bien. Dans *Trente ans ou la Vie d'un Joueur*, et jusque dans ce *Père Gachette*, où, dernièrement, il nous a paru si admirable, son génie dramatique n'a-t-il pas les plus profonds rapports avec le génie pittoresque (et dramatique aussi) d'Hogarth ? Et son vice même, est anglais encore. Frédérick boit comme Pitt et Dundas, dit-on. Mais son génie n'est jamais voilé par l'ivresse, et il tire même de cette ivresse des effets scéniques aussi beaux que les effets oratoires qu'en tirait l'Anglais Sheridan !

III

C'est cet homme extraordinaire que nous avons revu hier, dans *Malheur aux Vaincus!* de M. Barrière, et, disons-le, c'est lui, Frédérick, que tous ceux qui étaient là, dans cette petite salle des Menus-Plaisirs, étaient venus chercher. Il était la seule curiosité de cette pièce, connue depuis dix ans, dont il allait être l'intérêt unique; car *Malheur aux Vaincus!* il faut bien le dire, n'est ni la pièce de son titre, ni la pièce de son exposition, qui promet un profond et terrible drame historique à la manière de Shakespeare, et qui ne nous donne qu'un mélodrame à la Victor Ducange, d'une invention et d'une action romanesque et commune. Bizarre circonstance du talent! L'exposition de *Malheur aux Vaincus!* cette exposition shakespearienne, où tous ces valets en livrée jugent les trahisons de leurs maîtres dans un dialogue haché de mots à la Tacite, est certainement une des plus belles choses qu'ait écrites M. Barrière, et ce qui suit, c'est-à-dire *toute la pièce* qui suit, une des plus mauvaises. De tous les traîtres de la pièce, le plus traître a été son talent, à lui,

M. Barrière, qui, tout à coup, l'a trahi, après avoir si splendidement commencé !

L'histoire de Mlle Olga, la fille du général Russe enlevée par les Cosaques, devenue chanteuse de café et retrouvée au café, et reconnue, à la romance de son père, par le général Forestier (Frédérick), qui lui rend toute sa fortune place tenante, en ne gardant pour lui et sa fille que l'honneur et la misère ; puis la disparition immédiate de Mlle Olga, comme dans le trou du souffleur, est une de ces choses d'un effet d'autant plus lamentable qu'après l'exposition il était impossible de s'y attendre. Seulement, cette vulgarité *boulevardière* avait Frédérick, qui l'a enveloppée de son talent et de son âme, et tout a été sauvé !

Frédérick, c'est la paternité, — c'est la paternité, qui croule de vieillesse au Théâtre, — ce vieux sentiment exprimé, pressé, tordu, épuisé, qui n'en peut mais, et que lui, Frédérick, pour son compte, a exprimé cent fois ; c'est la paternité, qu'une cent et unième il nous a montrée rajeunie et immortelle par le fait de ce talent qui transfigurerait les rengaines ! Frédérick a été neuf là où les autres ne sont que facilement touchants, et c'est là ce que j'appelle, moi, le tour de force du génie ! Et non seulement il a joué le père, mais il a joué le général dans le père, et l'honnête homme dans le père, et il a eu l'art de renouveler, à force de profondeur, ces types de l'honnête homme et du vieux soldat dans lesquels toute médiocrité dramatique entre, comme dans ces bottes de postillon qui restent dans l'écurie, et que chaussent, pour le relais, les uns après les autres, tous les postillons.

Rajeuni, lui aussi, en vertu de cette organisation souplement puissante qui est la sienne, de grande mine comme toujours mais encore de bonne, la joue ferme, la voix nette et qu'on entendait bien, les yeux éloquents, — ces deux âmes qu'il a sous les sourcils, — le corps solide, avec ces gestes de monument qui en font un être colossal à la scène, Frédérick, costumé avec l'art qu'il faut mettre dans le costume, car le costume, c'est une expression, a été magnifique d'un bout à l'autre de son rôle, et quand il a donné (comme Murat l'aurait fait) ces superbes coups de cravache au fermier insolent, et quand il a rendu son portefeuille à Olga, et quand il a pris la résolution de jouer et qu'il a dit, en partant pour le jeu, le mot haletant : « Embrasse-moi donc, cela me portera bonheur ! » avec le fanatisme de l'espérance. Partout, partout, il a été au niveau de lui-même, de son passé et de sa gloire ! Les croque-morts de la Critique sont enfoncés. Il vivait et il communiquait de sa vie à cette pauvre pièce, qui, sans lui, n'aurait pas

vécu. Lui là, elle vivait. Il y avait du soleil !
« Tout le temps qu'elle est restée près de moi, — dit un amoureux dans un roman de Walter Scott, — il y avait du soleil ; mais quand elle s'en est allée, il n'y en avait plus. Elle l'avait emporté dans sa poche. »

Ç'a été l'histoire de Frédérick et de la pièce.

Quant aux autres acteurs... laissons-les ! On ne les a pas vus, dans ce soleil-là. Même dans l'exposition de la pièce, ils n'ont pas su mettre en valeur les beautés d'ordre supérieur qui s'y trouvent. Il fallait cingler ces ironies, ces cruautés, ces coups de fouet donnés par la Valetaille à la Traîtraille ! Il fallait autant de Frédérick que de porteurs de ces livrées pour allonger d'une manière sanglante tous ces mépris, et il n'y avait là que des garçons de théâtre pour jouer ces valets montés de cent crans au-dessus de leurs galons par l'infamie de leurs maîtres et l'exécution qu'ils en font. Aussi, les mots les plus terribles n'ont-ils pas porté.

IV

Je voulais vous parler aujourd'hui du Théâtre-Français et de la façon mélancolique dont ils ont joué le *Misanthrope*. Je voulais vous parler d'une petite débutante, Mlle Croisette. J'y reviendrai. Impossible après Frédérick !

P.-S. Ils viennent de jouer l'*Autre,* à l'Odéon, et j'en sors. A l'*autre* semaine ! C'est un succès, mais j'en aimerais mieux un *autre,* à la place de Mme Sand.

L'AUTRE

Lundi, 7 mars 1870.

I

Ç'a été un succès sur place... le succès d'une salle pavée d'amis, d'ailleurs, qui ont payé exactement leurs billets... à ordre. Mais le lendemain, dans la presse, ce n'a pas été tout à fait cela. La Critique dramatique — et je l'en félicite ! — a été plus énergique et plus indépendante qu'elle ne l'est d'habitude quand il s'agit de ce grand Préjugé, Mme George Sand. Elle est enfin sortie, la Critique, de l'orbe du jupon fascinateur que cette femme a mis — comme une cloche à cornichons — sur les pauvres têtes de son siècle. A la fin, il s'est rencontré quelques esprits fermes qui n'ont pas daubé dans un succès de mauvaise qualité, obtenu pour des raisons dont la plus puissante est celle-ci : c'est que Mme Sand, la romancière, en pourrissant, avec ses romans, depuis plus de trente ans, la moralité publique, a naturellement préparé de longue main un succès dramatique que le talent n'avait pas besoin de faire et qu'il n'a pas fait. Le talent n'est pas, allez ! pour grand'chose, dans le succès de l'*Autre*. C'est l'*Autre* qui est tout, et l'*Autre*, vous savez ce que c'est !

Au fond, la pièce est mortellement ennuyeuse, infectée de métaphysique... physique, d'axiomes obscurs, incertains ou nettement ineptes ; sentant l'odeur fadasse du poêle du vieux Kotzebue. Et encore l'*Autre* ne vaut pas par l'émotion et les larmes bêtes qui, de toute paupière, ne demandent qu'à couler, *Misanthropie et repentir !* S'il n'y avait eu dans le drame de Mme Sand que le talent... qui ne s'y trouve pas, on n'aurait pas applaudi. Mais il y avait dans la salle l'immoralité générale et sentimentale, qui ne sait plus où se prendre maintenant sur les premières et grandes questions du Mariage et de la Paternité, et voilà ce qui a applaudi !

Et puis, on se reconnaissait. O délices ! on se retrouvait... C'était le *retour* aux *premières amours*, prophétisé par toutes les romances ! Mme Sand, qui semblait, avec ses *Champi* et autres bucoliques, au théâtre, avoir contracté je ne sais quelle innocence... relative, reprenait tout à coup son antique perversité. La tache d'*Indiana* reparaissait. Le vieux palimpseste de l'adultère, qu'on croyait effacé, redevenait lisible. Il fallait bien *tuer le veau gras* d'un petit applaudissement ! Et de fait, malgré les formes hypocritement bénignes et *berquines* de son drame, qui, tout d'abord, n'a l'air que niais, jamais l'adultère, dans aucun des livres de Mme Sand, n'avait paru aussi impudent et odieux, et, disons le mot ! quoiqu'il me coûte de l'écrire, aussi dégoûtant que dans son drame d'aujourd'hui.

L'adultère, qui, par parenthèse, est encore plus pour moi une malpropreté qu'un crime, se mange chaud, quand on a le cœur de le manger, et non pas froid, comme la vengeance. Quand on le sert froid, il devient immonde. Or, c'est ainsi que, dans son drame, Mme Sand nous l'a servi... La passion n'y apporte pas la brûlante excuse de ses élans insensés. Non ! le coup fait et l'enfant venu, voilà qu'immédiatement l'adultère se grime en père attristé... et doctrinaire, et qu'il dogmatise, pédantise, évangélise et apostolise à son profit ; soutient que « la famille, ce sont ceux qui nous aiment ! » proclame que le Père se taille dans la chair et le sang, comme les Courtisanes, et non pas dans l'Ame, la Loi, la Religion, la Pureté de la Filiation, qui est la garantie des Races ! Au lieu des plus augustes Institutions sociales groupées autour du lit d'une femme pour y faire un enfant, deux bêtes dans l'ombre s'accouplent et suffisent... et voilà le Père et la Mère ! Ah ! Mme George Sand a beaucoup marché, depuis son âge mûr, par ce temps où s'appellent des abîmes, qui sont des cloaques ! Mme George Sand, je l'ai connue, lavant, non pas sans poésie, avec de belles mains qui avaient encore des places pures, des assiettes à fleurs chez Jean-Jacques Rousseau ; mais elle a quitté Rousseau pour Chaussier, et ce n'est plus à présent que les plus horribles pots du Matérialisme qu'elle torchonne !

II

Car telle la thèse, — le Matérialisme absolu, — la thèse monstrueuse dans son apparente simplicité, qui sort des sentimentalités de la dernière pièce de Mme George Sand. Telle sa thèse, qui saute aux yeux et qui vous les viole, à travers toutes ces tendresses fondantes, toutes ces gelées de sentiments transparentes qui tremblent à l'œil, et qui sont mises là pour engluer les esprits et les cœurs... C'est le premier heurt qu'on reçoit de ce drame. De petits imbéciles, pour se donner des airs d'artistes, ont prétendu justement, à propos de ce drame, qu'il fallait se détourner de toute thèse en matière de littérature dramatique, et ne voir que l'œuvre et son exécution. Amère sottise, qui dédoublerait l'artiste du penseur, et le réduirait à n'être plus qu'un marchand de plaisirs ! Théorie de *fille,* qu'il faut renvoyer au trottoir !

D'ailleurs, on est bien obligé de voir dans une œuvre tout ce qu'on y met, tout ce que l'artiste *a voulu* y mettre, et certainement Mme George Sand a voulu mettre dans la sienne ce que je dis. De nature, d'éducation et d'imitation, cette Rousseau-femme, dans tous ses livres, à l'exception d'un ou deux peut-être, est une infatigable et fatigante prêcheuse... Aujourd'hui, ce qu'elle prêche, c'est le Matérialisme, dans toute sa pureté d'impureté, dans toute sa candeur d'immondice. Le moyen, même en littérature, de ne pas s'occuper de cela ! Il ne faut pas croire que dans les œuvres de l'esprit, quand elles méritent ce nom grandiose, la chose littéraire aille par son côté et la chose morale par le sien. Il ne faut pas croire qu'on puisse couper l'œuvre comme une pêche, et que chacun, critique et moraliste, emporte, comme il veut, son morceau. L'œuvre littéraire ne se scinde pas. C'est la tunique sans couture. Elle est morale, comme elle est littéraire. Il faut la prendre ou la laisser toute ; car le beau et le bon s'étreignent et se fondent dans l'œuvre de l'homme comme dans l'œuvre de Dieu.

Puisque vous êtes beau, vous êtes bon sans doute,

a dit un poëte divin, dans un vers divin. Or, si la thèse morale ou la pensée morale, sans thèse, qui repose nécessairement au fond de toute œuvre d'Art et de Littérature, importe à la beauté de cette œuvre, qu'elle grandit ou qu'elle diminue selon son degré, à elle, de moralité, impossible de ne pas parler de la thèse morale de Mme George Sand, même au point de vue littéraire! Impossible de ne pas considérer comme une faute contre la beauté de son œuvre de l'avoir choisie, cette thèse, et de l'avoir plantée dans son œuvre et fait flotter au-dessus, comme un étendard! La Critique littéraire commence ici à la Critique de la thèse morale, puisque cette thèse est le soubassement, et mieux que cela, à tel point l'essence du drame même, qu'il n'est pas possible, fût-ce par toutes les énergies de la pensée, de l'abstraire de l'œuvre ou de l'écarter.

Et ceci ne se discute point. La première faute littéraire, et la plus grande faute, du drame de Mme Sand, c'est la philosophie qui l'a inspirée; car cette philosophie étant abjecte et fausse dans l'ordre de la pensée, elle ne peut produire, dans l'ordre des passions et des sentiments, que des faussetés et des abjections. Et cela n'a pas manqué.

N'est-il pas faux en nature humaine, par exemple, et profondément abject en sentiment, que le comte de Morangis, qui sait que sa fille Hélène est l'enfant d'un *autre,* l'enlève et l'envoie, cette enfant, à sa propre mère, à lui, comme si cette enfant était la petite fille sortie des entrailles de son fils, prostituant ainsi la tendresse de sa mère, qu'il devrait respecter, à cette enfant de l'adultère et de la trahison ? C'est de cette façon-là que, dès le prologue de la pièce, la thèse de la chair et du sang a déjà tout éclaboussé et tout aveuglé de la délicatesse la plus vulgaire chez cette femme qui a désappris la famille, et qui va jouer tout à l'heure, dans le cours de son drame, aux sentiments raffinés... la plus grande corruption de ce drame corrupteur, parce qu'elle essaye de jeter le voile d'une illusion sur la malpropreté de la thèse qui en est le fond, et qui serait moins dangereuse si elle était plus crânement posée !..

III

Et si, de cette immoralité dont les admirateurs de Mme Sand voudraient la tenir quitte, comme si tous les grands maîtres de la scène ne s'étaient pas toujours, et avant tout, préoccupés, au Théâtre, des effets moraux ! nous passons à la construction littéraire de la pièce, nous ne trouverons guère qu'une œuvre empêtrée et glacée, où, comme on l'a très bien dit, *l'Un* manque à *l'Autre*, — le père outragé au père de l'outrage, — c'est-à-dire la lutte, le péril, l'action terrible entre les deux pères à qui aurait cette enfant, qu'ils peuvent déchirer, et à laquelle action dramatique et terrible l'auteur a préféré petitement, maigrement, mièvrement, l'action du père de l'outrage, sans opposition et sans rival, qui s'est comme coulé par-dessous les portes chez la fausse grand'mère d'Hélène afin d'y atteindre sa fille, qu'il y enveloppe, sous prétexte de médecine et de voisinage, des influences de sa tendresse.

Cette action du père autour de sa fille, cette action qui ressemble à un travail de ver à soie en fait de marivaudages, finit par s'exercer, victorieuse et complète, grâce à l'éloignement de M. de Morangis, qui aurait dû être tué au prologue et qui n'a pas été tué, mais qui n'en revient pas pour cela davantage, — grâce à l'affaiblissement de la grand'mère qui fait une fausse mort sur la scène comme on fait une fausse sortie, justement pour apprendre le secret de *l'autre* dans une confession faite à son faux cadavre, qui entend très bien, mais qui n'en dit mot qu'à la fin de la pièce; grâce à la jalousie du petit cousin Marcus, qui croit *l'autre* son rival et se met en jalousie pour que *l'autre* finisse par lui dire : « Mais je suis son père ! » ; grâce enfin aux *effluves magnétiques*, comme l'a dit M. Nestor Roqueplan, qui vont du père à la fille et de la fille au père, et à la condescendance imbécile de la grand'mère débilitée, qui dit à tous : « Je le savais. »

Certes! jamais résultat d'immoralité plus flagrante n'a été acheté au prix de plus d'invraisemblance et de misère dans les moyens... Je sais bien que Mme George Sand n'est pas une tête dramatique. L'envie qui l'a prise tard de faire des drames avec d'anciens romans — ce qu'un romancier de haute race aurait été trop fièrement artiste pour faire jamais! — n'est pas une raison pour qu'elle ait l'invention dramatique, et cette manipulation, qui retourne un vieux roman comme un vieil habit, en l'ajustant à la taille d'un théâtre, est affaire de tailleur bien plus qu'autre chose. Mais nulle part, dans les œuvres de Mme Sand, ni dans celles où elle s'est fait assister du collaborateur nécessaire, ni dans celles ou elle a coupé, cousu et recousu toute seule, Mme George Sand n'avait fait encore une besogne d'art et de combinaison plus déplorable que celle de ce drame, tiré selon l'usage d'un roman !!

Aussi, même ceux qui l'ont le plus vantée, ne se sont risqués, pour cette œuvre, qu'à la vanter pour deux scènes (seulement!) et pour le langage, qui est, comme on sait, fossilement réputé, en Mme Sand, comme le plus beau langage dont on se soit jamais servi chez les hommes, et même chez les femmes!! Ce langage délicieux, qui n'a ni couleur, ni mordant, ni réplique, ni emporte-pièce, ni rien des qualités vibrantes, poignantes et rapides qu'il faut à la scène, — car le *Marquis de Villemer* est une pièce dans l'encre duquel un homme qu'on a reconnu à son sable a jeté la poudre de mots qui l'a fait briller, — ce langage est devenu, sous la plume éraillée maintenant de Mme Sand, d'une douceur de ruban passé, d'une sénilité ingénue et d'un berquinisme de dernière heure, qui a ravi, comme de simples petites filles, les forts connaisseurs en style dramatique qui se trouvaient dans la salle. Et c'est même particulièrement à ce langage, et aux longs couplets de facture qu'a détaillés Berton de manière à les allonger encore, qu'on doit le petit succès de vendredi soir.

IV

C'est lui, en effet, le malheureux Berton, qui a porté le plus le poids mollasse de cette pièce où le vice essaye de se beurrer de vertu. Il faisait l'*Autre*. Il fait Maxwell, le médecin adultère, le père d'Hélène. Ordinairement, cet acteur a de l'élégance et de la tournure. Mais est-ce ce rôle de pauvre honteux de la paternité, mendiant autour du cœur d'Hélène et tendant la main aux sentiments de sa fille, parce qu'il ne peut lui tendre les bras, qui a porté malheur à Berton ?... Il y est extérieurement sans noblesse et sans attitude. Pédant et mélancolique, il a toute la disgrâce de l'habit noir et de la cravate blanche. Il affecte la démarche insinuante du quêteur à domicile, et il y développe une succession de poses tremblantes et de mains étendues, quand il parle à Hélène, qui vont évidemment contre le but du rôle qu'il interprète; car Mme Sand n'a pas voulu humilier son *Autre*, mais le rendre intéressant, poétique et sublime dans son genre de paternité. Or, il est tellement piteux, joué ainsi par Berton, que parmi les plus enragés *bâtardants,* personne ne voudrait être ce piteux-là !... Berton a toujours l'air, pendant tout le temps de la pièce, de rentrer une bénédiction... cette bénédiction qu'il n'a pas le droit, selon nous, mais qu'il a parfaitement, selon Mme Sand, le droit de donner !

Et c'est cette ambiguïté du jeu de Berton, qui tient, du reste, à la fausseté radicale de son personnage, qui fait croire un instant à Marcus. le petit cousin ruiné à qui Hélène donne sa fortune sans amour, que Maxwell est son rival, Marcus est tenu par Berton fils, qu'on a beaucoup applaudi dans la scène de la jalousie, et encore plus dans la scène frigide où Hélène et lui conviennent de se marier, comme deux enfants qui jouent au mariage. Ce petit ménage en bois a paru naïf et charmant aux amateurs de jouets, et Berton fils, ce jeune chérubin de chez... Séraphin, avec son geste anguleux et sa voix de tabatière, et Mlle Sarah Bernhardt, pointue d'épaules et rabotée comme une planchette, ont très bien réalisé les pupazzi de ce petit ménage en bois. Mlle Sarah Bernhardt n'a pas plus montré de talent que de corsage. Ses beaux yeux n'éclairent que le vide. Ce sont les soleils des déserts[1].

1. Depuis, je l'ai trouvée sublime dans la *Dame aux Camélias.*

Seule, en tout point, Mlle Page a été excellente de simplicité de diction et de simplicité de mise, dans un rôle insignifiant d'institutrice qu'elle a rempli de sa grâce et de rayons doux... On sent mieux que le talent; on sent la race dans Mlle Page, même quand elle fait le rôle de presque une servante. Raynard, dans le gauche personnage d'un archéologue amoureux, a fait ce qu'il a pu pour nous faire rire. Mais le comique n'est pas le fort de Mme Sand, cette lourde rêveuse, qui plaisante comme danserait un bœuf! Du reste, ce n'est pas à un succès de rire que visait Mme Sand, mais à un succès de larmes, et elle les a eues, les larmes, dans une certaine mesure, même celle des bâillements comprimés. On s'est mouché dans deux à trois coins de la salle. Seulement, on ne s'est pas fondu, comme elle l'espérait; on est sorti se tenant encore; on n'était pas dissous. M. Touroude a fait pleurer, lui, bien davantage, et pendant cent représentations!

Je doute que Mme Sand les ait avec l'*Autre*. C'est dur pour elle d'être battue par un tout jeune homme sur cette question du *Bâtard*, — le seul enfant légitime pour elle! Oui! franchement, pour cette grande dame littéraire et socialiste, je trouve cela un peu dur.

FERNANDE

Lundi, 14 mars 1870.

I

Pardieu ! J'aime mieux cela. On ne trompe plus, du moins... On ne s'en cache plus. On ne chicane plus. On ne dit plus, comme on le disait à chaque pièce : En est-il l'auteur ou ne l'est-il pas, et escamoteur de sujets pris ici, pris là, pris partout, pris dans toutes les poches ?... Bah ! aujourd'hui, on avoue la chose... carrément. Le sujet de la pièce, d'ailleurs, est pris à un tel homme, le couvert est marqué à de telles armoiries, qu'il est impossible de le cacher ! Et puis, c'est comme le jeu du furet : *Il a passé par ici, le furet du bois, mesdames...* s'est mis à chanter tout à coup

Mme Ancelot, et c'est des gourdes mains de son mari qu'elle parlait.

Le roman de Diderot a, en effet, cascadé du gobelet d'Ancelot à la gibecière de M. Sardou. Mme Ancelot, qu'on croyait morte, tant elle était oubliée, s'est levée de cette ombre, qui est l'oubli, avec la rapacité du vieil âge, et elle a tendu le vieux feutre d'académicien de son mari, en son vivant si glorieusement coiffé, pour que M. Sardou mît dedans quelques menues monnaies des recettes prévues. Mais le subtil Sardou — toujours escamoteur — a répondu par ce nouveau tour de passe-passe : « Je vous donnerai les mêmes droits d'auteur que vous donnait Diderot », et de cette façon il a escamoté non pas le denier de la veuve, mais le denier que demandait la veuve… et pour un peu plus, il aurait escamoté le vieux chapeau ! Qui sait ? nous le verrons peut-être un jour sur sa tête, à l'Académie… Toujours est-il qu'il a soufflé et que la muscade de la mendicité est disparue. Celle du génie de Diderot, cette muscade, grosse comme un boulet, est plus difficile à faire disparaître. Nous allons voir si M. Victorien Sardou l'a aussi prestement, aussi spirituellement escamotée. Ah ! cela simplifie diablement notre besogne, à nous autres critiques, que de n'avoir à juger M. Sardou que comme escamoteur.

C'est qu'il n'est que cela, en effet, et qu'il n'a jamais été que cela. Prendre avec une main qu'on ne sent pas, prendre avec une main de velours, une main d'or, comme on disait de cette femme qu'on appelait : « la Main d'or », il y a quelques années, et qui aurait déshabillé intégralement tout le mannequin à sonnettes sur lequel on s'exerce à prendre dans l'École normale des voleurs, sans faire tinter une seule de ces mobiles sonnettes, tel est le talent spécial et littéraire de M. Sardou.

Il prend et transforme. Ceux qui prennent et fondent l'or et l'argent qu'ils prennent, en font autant... Il prend comme Shakespeare et Molière, qui n'ont pas que pris, eux! et qui, quand ils ont pris, ont supprimé, du même coup, l'homme auquel ils avaient pris. Qui lit le Bandello à cette heure? Qui lit Cyrano de Bergerac?... M. Sardou supprimera-t-il Diderot? Pour mon compte particulier, j'en doute, malgré son talent incontestable d'escamoteur. Les gens sans idées, qui voudraient bien, comme lui, s'en faire dans la poche des autres, et qui prétendent que l'exécution est tout dans l'art de la scène (et ce n'est pas même vrai dans les arts plastiques), ont déjà sacrifié la nouvelle de Diderot à la pièce de M. Sardou. Ils l'ont sacrifiée, mais ils n'empêcheront pas de la lire, cette nouvelle, ineffaçable du souvenir quand on l'aura lue, et qui restera pour faire voir la supériorité de l'un sur l'autre; pour faire voir :

> ..... en moins d'un instant,
> Qu'un rat n'est pas un éléphant!

Le rat grignote et casse ses petites dents sur le pied de fer de la robuste bête; l'éléphant l'écrase et tout est dit.

II

Et d'autant plus qu'il n'y a pas que la grandeur du talent de Diderot qui écrase le petit talent de M. Sardou. Il n'y a pas, ici, que le talent de l'inventeur, — qui n'est rien, — disent les esprits vides, — et l'exécutant qui est tout! Il y a encore l'œuvre et le ton de l'œuvre, qui est superbe de calme et de simplicité. La simplicité de Diderot dans *Madame de La Pommeraye*, le calme de mœurs qui allaient mourir et qui avaient encore la beauté des sociétés passées et classées, n'existent plus, et M. Sardou ne pouvait pas les mettre dans une société troublée, mêlée, convulsée, sans classes, sans noblesse, et dont l'envie est le fond orageux. A vingt places de la pièce de M. Sardou, Diderot, le calme et la beauté de Diderot, disparaissent sous les soubresauts de l'action dramatique ; mais c'est surtout au dénouement que la différence des deux œuvres, des deux auteurs et des deux sociétés, frappent le regard et le déchirent...

Quand le marquis a reconnu que la femme qu'on lui a fait épouser par vengeance n'était pas la femme qu'il croyait, vous savez quel majestueux et sublime pardon Diderot fait descendre comme un fleuve de miséricordes des lèvres du marquis sur cette femme, roulée à ses pieds ! Vous savez de quelle manière auguste il lui dit : « Embrassez-moi, ma femme ! Levez-vous, madame la marquise ! » M. Sardou, la Main d'or en littérature, a pris tout cela, et même le mot de la fin : « *Levez-vous, madame la marquise !* » (J'espère bien qu'il prendra un de ces jours le : *Qu'il mourût*, du vieux Corneille, et que cette société de pouilleux et de voleurs le trouvera bon !) Il a pris tout cela, selon son habitude et sa méthode, mais il l'a troublé, agité, convulsé, comme la pauvre société dont il fait partie et dont il est l'auteur dramatique. Le marquis, au Gymnase, est un mari de ce temps-ci, qui parle comme un mari de ce temps-ci, et qui fait à sa femme la scène de reproches et de jalousie que nous avons vue mille fois au Théâtre.

Il n'a ni le calme, ni la noblesse (il n'y a pas

de noblesse sans calme), ni l'imposance du Marquis des Arcis de Diderot. Diderot n'était qu'un bourgeois du dix-huitième siècle, mais il avait pu voir autour de lui et étudier des gentilshommes ; tandis que le marquis du Gymnase et de M. Sardou n'est qu'un marquis d'étiquette, un gentilhomme de ce temps-ci, où l'on a perdu l'exacte notion des gentilshommes... Ce qui fait le calme magnifique de celui de Diderot après l'horrible découverte de l'indignité de sa femme, c'est une *possession d'État* de plusieurs siècles, qu'il lui jette comme un manteau armorié sur les épaules, et dont il ajoute la splendeur sociale à la splendeur morale de son pardon !

Et ceci, voyez-vous ! tous les tours de passe-passe du prestidigitateur M. Sardou ne peuvent le dissimuler une minute, et la question est immédiatement tranchée. On lira la nouvelle de Diderot quand il n'y aura plus un acteur dans le monde qui joue la pièce de M. Sardou. Malgré le talent, que je ne nie point (notez bien !), mais que je sais mettre à sa place, de ce virtuose qui pince des ficelles comme on pince de la harpe : un grand harpiste de ficelles, la pièce de M. Sardou mise en regard de la nouvelle de Diderot ne peut pas soutenir l'examen. Il s'y mêle toutes les vulgarités des drames modernes, qui sont épuisés, qui n'en peuvent plus ; car l'Art dramatique tel qu'il a été conçu jusqu'ici me fait l'effet d'un condamné à mort, présentement en chapelle. La lettre, fossile dans tous les drames, y est, si le duel n'y est pas. La clef de la porte secrète y est aussi. Je ne discuterai pas la vraisemblance de Mme de La Roseraie dans cette maison de table d'hôte. C'est possible. La pitié des femmes de cette époque sans principes et sans dignité, qui veulent faire les sœurs de charité en falbalas, peut les conduire jusque dans ces maisons-là pour y pratiquer des sauvetages ; mais la table d'hôte, à la scène, est rabâchée depuis au moins dix ans. M. Sardou, la Main d'or, qui ne fouille pas que dans la vaste poche de Diderot, l'a prise, cette table d'hôte, dans le répertoire de M. Alexandre Dumas fils.

Mais quand le marquis des Arcis a fait sa scène furibonde à sa femme, l'avocat Pommerol, qui lit, comme à l'audience, la lettre interceptée si affreusement par Mme de La Roseraie, au lieu de continuer sa lecture la fait finir par la marquise, qui passait (pour cela) dans l'angle du salon et qu'il fait approcher à petits pas pour achever cette longue et théâtrale lecture ; c'est là un moyen de mélodrame grossier et déplacé. Et cependant, malgré tous ces lieux communs qui abaissent le drame, un intérêt vrai est dans la pièce, un intérêt puissant ; mais certainement augmenté par la manière dont elle est jouée. Soyons juste ! M. Sardou doit son succès d'abord à Diderot, à ses acteurs ensuite, et enfin à lui-même, qui a imprimé, comme on imprime le mouvement à l'eau d'un bain qu'on brasse, le mouvement dramatique à la nouvelle de Diderot, développée dans un cadre de quatre actes adroitement ajustés. Seulement, dans la distribution des mérites et des causes de succès que je reconnais dans *Fernande*, c'est le talent de M. Sardou que je mets le dernier...

III

Les acteurs, en effet, ont été admirables. Ils m'ont confirmé dans l'opinion exprimée si souvent par moi sur l'importance capitale de l'acteur au Théâtre, où toute pièce, fût-elle écrite par un homme de génie, n'est jamais que commencée, et finie seulement par l'acteur! Dans la pièce de M. Sardou, Mme Lesueur jouait la sénéchale, la maîtresse de cette table d'hôte qui devient tripot au dessert, et elle l'a jouée avec une si effrayante et si poignante réalité, qu'on l'a rappelée après le premier acte, de reconnaissance pour l'amer et cruel plaisir qu'elle avait donné... Elle a été, je ne crains pas de le dire, accomplie! Maigre, pâle, hâve, les yeux énormes, agrandis par l'effort qu'elle fait pour ne pas les baisser toujours sous la honte qui l'écrase, dévorée du cancer de son propre mépris, elle a été tragique et vulgaire tout à la fois, horrible et cependant touchante. Tout en elle avait le caractère qu'il fallait à son personnage, jusqu'à ce vieux cachemire et cette robe de velours rouge fanée qui se plaquait sur sa personne aplatie et désolée. Elle a rendu implacablement l'âpre amour qu'elle a pour sa fille, déshonorée pour avoir vécu dans le milieu bas de la maison qu'elle tient, et elle a su exprimer avec des gestes et des regards sinistrement farouches l'humiliation qui la tue et cette impudence qui veut se tenir ferme, et qui, à chaque instant, sent fondre et couler son masque au feu de la honte et des larmes! Sans elle, peut-être, le succès de la pièce qui commence par cette table d'hôte sans nouveauté eût été compromis. Mᵐᵉ Lesueur, par l'inspiration de son jeu, a disposé le public à écouter favorablement ce qui allait suivre, et, grande actrice elle-même pendant quelques minutes, car ce rôle de la mère finit vite et bientôt on n'en parle plus, a préparé l'entrée d'une autre grande actrice qui l'est toujours, et qui, pour moi, ce soir-là, était l'intérêt suprême de la pièce de M. Sardou.

Oui! c'était surtout Mᵐᵉ Pasca que je voulais

voir dans *Fernande*. Avec M. Sardou, on savait à peu près ce que Diderot et Mme de La Pommeraye allaient devenir. Mais nous savions moins ce que serait Mme Pasca dans ce rôle de Mme de La Pommeraye, qu'on appelle La Roseraie dans le drame... aimable pudeur! Or, à présent, nous le savons. Mme Pasca, qui présentement est le plus grand espoir du Théâtre, — qui tient déjà beaucoup, mais qui promet encore, — Mme Pasca, qui, d'aptitudes, est une comédienne absolue, une comédienne à la double face, à la double essence, jouant la comédie et la tragédie avec une égale supériorité, a pu montrer, mardi soir, cette complexe aptitude. Elle a été tragédienne et comédienne tour à tour. Mais c'est la tragédienne qu'elle a été le plus, c'est la tragédienne qui l'a emporté!

Le rôle de Mme de La Roseraie, qui se venge du marquis des Arcis avec cette exécrabilité de perfidie et cette friandise infernale dans sa vengeance que M. Sardou n'a pas inventée, a été rendu par Mme Pasca avec une férocité et une douceur, pardessus cette férocité, plus horrible encore! De grande taille mince, comme on sait, trop grande même à la scène, où il ne faut pas être trop grande pour rester de proportion avec les autres, elle s'est fait de ce défaut un avantage, et elle a semblé, tout le temps qu'a duré la pièce, un immense serpent qui se levait, se lançait, se repliait, avec toutes ses prudences, tous ses rampements, toutes ses colères lâches de serpent. La bouche de Mme Pasca, qu'elle a eu l'art de distendre comme celle du reptile qu'elle rappelait, son nez légèrement aplati à la racine, son profil un peu écrasé, qui devenait superbe ici par son écrasement même, donnait à son visage cet air effrayant d'un serpent, et d'un serpent qui, à lui seul, tenait toute la scène !

C'était saisissant, cela ! Quoique Pujol, de haute stature aussi, et qui jouait le marquis, en mettant dans son rôle autant de consistance et d'âme qu'il pouvait, présentât la résistance d'un homme, il paraissait à chaque minute devoir être englouti par le monstrueux reptile, qui, dressé devant lui, la bouche élargie et stridente d'ironie, lui crachait le venin de ses regards jusqu'au fond des yeux. La scène où Mme de La Roseraie ment pour faire dire vrai à son amant ; où elle l'accouche du secret de son infidélité avec des mains qui tremblent de fureur et de précaution, avec ce terrible visage qui se fait caressant pour ne pas se trahir ; cette scène, coupée par les à partés de la colère et du mépris entre l'amant délivré d'elle et elle, qui va lui faire payer si atrocement sa délivrance, a été jouée par Mme Pasca avec une profondeur véritablement diabolique.

Mme Pasca a eu plusieurs fois de ces vibrations

qui m'ont fait croire que l'âme de Rachel était revenue... Rachel n'aurait, certes! pas dit mieux : « Ah! il te faut une innocente! » Lorsque Mme de La Roseraie revient dans la nuit chez le marquis des Arcis, avec sa clef de maîtresse qu'elle n'a pas rendue (le harpiste aux ficelles!), et que, venue pour lui dire la foudroyante vérité, avec ce geste qui semble arracher un masque, elle s'assied, devant le marquis debout, sur le canapé de la marquise chaud d'elle encore, Rachel ne se serait pas assise d'une autre manière! On voit que ce n'est pas sur le canapé qu'elle s'assied, mais sur sa vengeance, comme la Begum, qui fit enterrer son amant vivant sous son siège, et qui pensait : « Il meurt sous moi ; il meurt là-dessous! » et qui riait. Enfin, quand elle a prononcé la phrase vengeresse : « Crie donc à ta femme qui est couchée de se lever pour venir te dire dans quelle boue je l'ai ramassée! » elle l'a prononcée avec une de ces morsures de mépris qui emporte la moitié du cœur! En l'entendant, on s'est dit que la qualité suraiguë de Mme Pasca était décidément l'énergie cruelle... Dans *Fanny Lear*, cette énergie s'était déjà montrée, mais dans *Fernande,* elle a magnifiquement éclaté!

IV

Après Mme Pasca, cet événement de la pièce de M. Sardou plus que la pièce même, après Mme Lesueur, après Pujol dont j'ai parlé déjà, après Landrol, qui fait le moraliste (obligé dans toute pièce) et qui est délicieux de verve, de gaieté, d'entrain et d'entraînement, vous croyez que c'est tout? vous croyez qu'il n'y a personne? Eh bien, vous vous trompez! Il y a encore Mlle Antonine, qui joue Fernande, dans cette *Fernande*. C'est la première fois que je la voyais, ce soir-là, Mlle Antonine, qui m'a fait, avec ses cheveux blonds, son teint coloré et doré, son embonpoint savoureux et jusqu'à la qualité de sa chair, l'effet d'un gros abricot mûr... mais il s'est trouvé que ce fruit, cette chair, cette saveur, cet abricot d'or, a de l'âme! Mlle Antonine a pleuré de très belles larmes. Elle a eu des pudeurs exquises, des hontes charmantes et profondes, des yeux plus beaux baissés que levés, quoique levés ils soient fort beaux! des attitudes éloquentes, — entre autres celle dans laquelle elle se roule chastement aux pieds de son mari... Entre Mme Pasca et Mme Lesueur, qui sont les sombres et les terribles de la pièce, elle est la tendre et la touchante... et elle a, surtout avec elles, contribué au succès de M. Sardou.

Il a été, ce soir-là, égal à tous les autres. Selon moi, la fortune fait encore plus pour M. Sardou que le talent. Son drame de *Patrie!* qui a montré ce qu'est M. Sardou quand il invente et qu'il n'escamote plus, a réussi... insolemment pour l'Art dramatique, la vérité humaine et l'Histoire, et au nom de tout cela j'en garde encore le ressentiment. Mais aujourd'hui, M. Sardou revient franchement à sa nature, à son genre de talent et de faire. Il s'avoue nettement et modestement le metteur en œuvre de Diderot, qui n'a rien à dire puisqu'il est mort, et dont, s'il a escamoté l'idée, il n'escamotera pas la gloire. Je ne dirai rien non plus, moi qui suis vivant, de son succès d'aujourd'hui. Il est mérité autant que celui de *Patrie* l'était peu... Qu'on ne fasse jamais de M. Sardou un petit Shakespeare, — qu'il reste ce qu'il est : un escamoteur de haute volée, la Main d'or, le Renard Subtil, le Comus ou le Bosco de la scène française, — et je suis capable, même en sortant des pièces faites par les autres, d'aller voir les siennes et de l'applaudir !

GILBERT D'ANGLARS

Dimanche, 20 mars 1870.

I

Pauvre semaine ! La Critique n'a à se mettre sous la dent que *Gilbert d'Anglars*, sur lequel elle ne peut pas même appuyer. On n'appuie pas sur rien... *Gilbert d'Anglars* n'est qu'une abominable bouillie, avalée pendant six heures, et faite avec tous les vieux brouets connus d'adultères, de bâtardises, d'amours presque incestueux; car il y a là dedans un frère vengeur qui aime la maîtresse de son frère, et qui se laisse prendre à la même souricière de femme, l'imbécile ! Et le tout est si fadassement écœurant, que je me suis levé avant la fin... comme un Romain, qui va au vomitoire. Seulement, le Romain serait revenu. Mais moi, non ! Il était une heure et demie du matin. L'air était froid et tonique; le boulevard désert. Cela m'a remis... Je n'ai donc à faire aujourd'hui, pour tout dire, qu'un énorme : pouah! sur cette piécaille inconcevablement mauvaise parmi les plus mauvaises que j'aie vu jouer. Elle est de M. Anicet-Bourgeois et d'un autre bourgeois du même talent, et non pas du même nom ; car il s'appelle Masson.

Soyez plutôt maçon si c'est votre *talent!*

Mais ce n'est pas ce maçon-ci qu'il faudrait être ! « C'est déjà très joli et très suffisant de s'appeler Chabot, sans encore vouloir être Rohan », disait un jour un Rohan-Rohan qui contestait le Rohan-Chabot. Eh bien, c'est aussi assez joli et suffisant comme cela, quand on s'appelle Anicet-Bourgeois et Masson, de mettre son nom sur ses cartes de visite, sans le flanquer encore sur des drames comme *Gilbert d'Anglars!*

Du reste, ce qui m'étonne, ce n'est pas l'imbécillité d'une pièce si profondément bête qu'elle en est obscure ; ce n'est pas même l'acceptation d'une telle pièce par des Directions à peu près idiotes dans leurs choix ; mais c'est qu'il se trouve des acteurs d'un certain talent pour les jouer. Oh ! des débutants je comprends tout. Ils se jettent sur tous les rôles, comme les hannetons sur tous les arbres, comme les petits jeunes gens sur toutes les femmes. Mais, de la part d'acteurs qui ont une expérience et un passé, quoi de plus incompréhensible que de se résigner à jouer dans une pièce comme *Gilbert d'Anglars?*...

Ce n'est, certes! pas l'expérience et le passé qui manquent à Laferrière et à Mme Doche. Le talent non plus. On peut avoir sur le talent d'acteur de Laferrière une opinion plus ou moins sévère, mais on ne peut nier qu'il aime son art au point d'oublier son âge, et qu'il n'ait souvent rencontré des *effets de nerfs* passionnés et vibrants. Il faut être juste : l'élégance dans l'amour, il l'a parfois exprimée... Mme Doche, de son côté, est une comédienne d'un mérite indéniable. C'est une Célimène comme ils n'en ont pas une, pour l'heure, au Théâtre-Français. Elle a, comme Célimène, des simagrées d'âme sous une figure charmante encore. Cependant, avec ces qualités, Mme Doche et Laferrière ont non seulement accepté un rôle dans *Gilbert d'Anglars*, mais ils l'ont joué avec faste! mais, évidemment, ils ont été heureux de le jouer! Après les avoir vus tous deux, on se demande comment Mme Doche et Laferrière ont consenti à se compromettre dans cette *an...icetterie*, où il n'y a pas un mot qu'un acteur, eût-il du génie, puisse mettre en valeur?... Ce qu'ils débitent est pitoyable, et pour des comédiens qui ne sont pas seulement des perroquets, déshonorant. Par respect pour leur fonction de comédiens et par considération pour le succès et pour leurs personnes, ni Mme Doche, ni Laferrière, ne devaient, à mon sens, accepter leurs rôles, et, par l'acceptation qu'ils en ont faite, autoriser l'acceptation intégrale de la pièce de MM. Anicet-Bourgeois et Masson par le théâtre de la Gaîté.

Et d'autant plus qu'ils n'y ont rien gagné, les malheureux ! Ils ont cru qu'ils animeraient de leur talent cette grosse Galatée de la Bêtise, plus difficile à animer que toutes les Galatées de marbre, et qui est restée, comme toujours, immuable, et, comme toujours, contente d'elle, sur le socle, ce soir-là, d'une mise en scène excessivement travaillée. Malgré leurs efforts réunis, les infortunés n'ont fait illusion une minute ni sur la pièce, ni sur leur propre personnage. Ils n'en ont tiré ni un mot, ni un geste, ni une étincelle. Quoi d'étonnant ? Où il n'y a rien, le talent, qui est roi aussi, perd son droit, comme les autres rois ! Voilà pour le théâtre et pour l'effet scénique. Mais pour la Critique du lendemain, pour le jugement porté sur eux, ç'a été bien pis ! On a été dur. On a été atroce. On leur a jeté impitoyablement au visage, à l'un et à l'autre, l'âge qu'ils ont... ou qu'ils n'ont pas ; on le leur a opposé comme un empêchement dirimant à tout talent d'acteur et à toute exhibition dramatique, — ce qui est faux en thèse générale et absolue, preuve : Baron, Kean, Mlle Mars, laquelle jouait si adorablement *Mademoiselle de Belle-Isle* à un âge dont Mme Doche est loin encore; et ce qui, en thèse particulière, pour l'un et l'autre, n'était nullement vrai, ce soir-là, non plus...

Ce soir-là, en effet, quoi qu'on en ait dit dans des feuilletons d'une exagération féroce, Mme Doche et Laferrière étaient étonnamment jeunes *par eux-mêmes*, et ils n'ont été vieux que par la faute de MM. Anicet-Bourgeois et Masson, qui leur ont fait débiter toutes les vieilleries affreuses qui traînent dans tous les mélodrames depuis une éternité. Laferrière a bien porté son costume dix-huitième siècle. Les scrupuleux de couleur locale l'ont plaisanté agréablement sur ses cheveux noirs; mais, à l'époque où se passe la pièce, il y avait des hommes qui déjà ne portaient plus de poudre. Dans le beau roman de *Delphine*, Léonce de Mondoville, le héros de Mme de Staël, n'en a pas. Mme Doche, elle, poudrée à blanc, était tout simplement délicieuse comme un pastel du temps, et, j'ose l'affirmer aux plus exigeants et prendre sur moi la responsabilité de cette opinion devant les plus enragés de jeunesse, elle a été tout le temps de la pièce une ravissante figure de trumeau, et même plus; — car lorsque, par le fait des combinaisons du triste drame qu'on jouait, elle s'est assise dans la loge placée sur le théâtre pour regarder le ballet qu'on exécutait sous ses yeux, elle avait ce je ne sais quoi d'étrange et de charmant de ces figures de femmes que Titien place parfois dans les festins de ses tableaux.

Dans aucune des loges de la salle ne se tenait, parmi les plus jeunes, un être de plus d'élégance, de sveltesse et de fascinant aspect. Et les femmes elles-mêmes l'ont compris... Quelque temps avant le moment que j'ai dit, lorsque Mme Doche (la comtesse de Chavannes) avait paru sous son splendide costume mi-parti polonais et hongrois, — une fantaisie du temps, — et coiffée de cette aigrette de pierreries qui donnait un caractère de grâce fière et triomphante à sa tête fine, elles avaient poussé derrière moi un petit cri involontaire et quelques-unes avaient applaudi. Certainement, ce n'était pas à la comédienne qu'on applaudissait alors, c'était à la femme, — au visage de la femme, — à la robe de la femme, — cette seconde peau de la femme qu'elles mettent par-dessus l'autre ! — et voilà ce que la Critique a oublié le lendemain.

Mais moi, je m'en souviens huit jours après, et je le dis !

II

J'ai parlé de la mise en scène de *Gilbert d'Anglars* et j'ai avancé qu'elle était très soignée. C'est elle qui a préservé le mélodrame de MM. Anicet-Bourgeois et Masson, le premier soir, d'une chute certaine, mais qui ne le préservera pas d'une chute prochaine. Cette mise en scène est toute la valeur de la pièce... On a beaucoup applaudi les deux ballets, introduits, va comme je te pousse ! dans ce drame, qui, ne pouvant être pathétique, s'est fait dansant. Le premier, reflet pâle des ballets du Châtelet (*Paris-Revue*), est, selon moi, d'une impression médiocre, mais le second, le ballet Watteau, est éblouissant, et sa terminaison, avec ses femmes couchées au bord des eaux et au-dessus des eaux dans des conques, quoique incompréhensible, est d'un effet grandiose. C'est après cela que je m'en suis allé. Il n'y avait plus d'autre ballet à attendre, et je suis sorti comme une balle chassée par mieux que de la poudre; j'étais chassé par le plus insupportable ennui...

J'avais cru à des menuets, la danse du temps. Rien de pareil ne s'est montré. Nous avons eu les danses ordinaires, avec pointes et pirouettes ordinaires, par une danseuse (Mlle Clavel ou Cladel) que j'ai trouvée fort ordinaire. C'est uniquement l'ensemble, les masses, les costumes, les déploiements, les rayonnements et les entrelacements de couleurs qui sont fort beaux dans ce ballet, où toutes les danseuses semblent égales entre elles d'art et même de beauté. Pas une vraie reine parmi ces bergères ! Seulement, dans cette république de danseuses, j'ai avisé, au groupe de gauche et au troisième rang, deux jambes *dictatrices* qui sortaient d'un amoureux caleçon de satin gros bleu...

Je ne sais pas le nom de ces deux jambes, mais voici le signalement. Allez les voir !

UNE HISTOIRE D'HIER

LES COSAQUES

---

26 mars 1870.

I

L'*Histoire d'hier* n'est pas mal nommée. Il y a là un éloge de l'Angleterre qui sent l'époque où M. Guizot, ce Pourceaugnac politique, gouvernait la France et s'aplatissait devant l'apothicaire Pritchard... Toute la pièce, qui est un drame, — et quel drame ! — et qui semble avoir été écrite par un doctrinaire tombant du haut mal de la morale protestante, est une glorification de l'Angleterre si insolente pour la France, que j'ai cru un instant au sifflet, — ce fifre français ! transporté du champ de bataille au Théâtre. Mais le sifflet, lui aussi, est devenu cosmopolite... Le Desgenais de la pièce de M. Goudall est un moraliste anglais qui vient faire la leçon aux femmes de France. Il les trouve mal élevées, ce monsieur ! Je ne dis point qu'elles soient présentement adorables. M. Duruy, les Conférences, le bas-bleuisme, tous les *poufs* de la vanité, qu'elles ne mettent pas seulement par derrière, nous les ont légèrement gâtées. Mais, enfin, si nous avons des blanchissages de linge sale à faire, que ce soit en famille, et surtout pas de battoirs anglais !... L'auteur d'*Une Histoire d'hier* est si bien de l'avis de son Desgenais, qu'il a fabriqué, pour les besoins de sa triste cause, une femme française qui triche au jeu, et un mari vertueux et ruiné qui la renvoie à sa famille avec sa dot. Ne voilà-t-il pas un fier héroïsme !... L'auteur aurait dû faire son mari Anglais. C'est la seule chose qu'il ait oubliée. Il est vrai qu'il fait autant de fautes de français que s'il l'était ; car la langue s'est vengée des choses anglaises qu'on lui fait dire. Elle s'est comme révoltée contre l'auteur, qui veut *anglaiser* nos femmes comme nos juments, et il semble qu'elle n'a pas voulu être bien parlée... Son outrage a été sa vengeance.

Nul talent, du reste, dans cette pièce, qui croit être un drame, et qui n'est qu'une prêcherie. Par toute terre, le drame est une collision, quand ce n'en est pas plusieurs. C'est une lutte, et quelquefois un déchirement. Mais ici, nulle lutte. Nulle prise d'entrailles... La femme ne lutte pas pour devenir voleuse; elle ne lutte pas avant d'avouer son vol. Le mari ne lutte pas avant de devenir stoïque à la fin de la pièce. Tout cela file droit et s'accomplit avec la plus grande facilité. L'auteur de la pièce, étonné d'être si mauvais, a prétendu, dans une lettre, publiée je ne sais où, que le nouveau Directeur des Menus, — qui, pour fêter son premier jour, a donné un programme en vers, à nous faire craindre que la Direction, entre ses mains, ne soit une espèce de sarbacane avec laquelle il va nous jeter à la figure quelques paquets de ces vers-là, — l'auteur a prétendu que ce Directeur, autocrate et versiculaire, avait supprimé le meilleur de son drame. Drôle de chose! que l'homme qui tentait de nous *anglaiser*, soit *anglaisé* à son tour. On lui a donc très sans façon coupé la queue. Mais, bah! il pourra nous la montrer lorsqu'il publiera son drame, et dire, comme dans l'Intimé :

> Messieurs, voilà les pieds et le cou du chapon!

et nous jugerons du dégât... En attendant, la pièce en question est solennelle, gourmée, prudhommesque, crevant de sérieux et nous faisant crever d'ennui. On en sort le contraire de ce qu'avait espéré l'auteur. Résultat infortuné! On sort plus vicieux de toute cette morale, et anti-anglais de toute cette pédante et insupportable remontrance anglaise. Pour ma part, j'ai trouvé quelquefois l'Angleterre une grande nation politique, mais en écoutant M. Goudall, je ne me souviens plus que de ses vices. Je me rappelle qu'elle est mercantile, voleuse, *flibustière*, ivrogne, pleine de goûts sauvages, vendant, dans les classes pauvres, ses femmes au marché, et dans les opulentes les vendant plus honteusement encore, en touchant des amendes d'adultère, et je soutiens que ce n'est point du *bas* de pareilles mœurs qu'on est en droit de faire la leçon à personne !

Et voilà pourquoi l'*Histoire d'hier* n'est pas celle d'aujourd'hui, et ne sera pas celle de demain !

II

L'histoire d'aujourd'hui, qui ne sera pas celle de demain non plus... c'est Mme Bordas ! la fameuse Mme Bordas ! le champignon poussé tout à coup, en un soir, dans ce fumier des cafés chantants où viennent de pareilles denrées ! Mme Bordas est presque, en ce moment, un événement politique... Les Parias sont nés, disent les Indiens, des pieds divins de Brama. Mme Bordas, qui joue la Paria sociale, est née des pieds odorants de ces Réunions politiques où suaient Budaille ou Peyrouton. Elle chante comme ils parlaient. Quelle *gaillarde!* sans calembour. Je l'ai vue dimanche, au Châtelet, cette curiosité nouvelle. Après ces deux adorables artistes anglais, qui chantent si moelleusement à l'œil, avec leur corps tout entier, des poésies physiques si charmantes, je l'ai entendue, elle, la femme du cri et de l'effort et du pointu en toute chose... car Mme Bordas, c'est un ensemble d'angles, de triangles et de rectangles, — tout un système de géométrie convulsive...

Ah! ce n'est pas la *forte femme aux puissantes mamelles* de feu Barbier (feu, puisqu'il est à l'Académie!). Des mamelles, elle en a comme l'Envie, dans les tableaux mythologiques; mais en revanche, elle a des clavicules qui ressemblent à des éperons, — et des salières à mettre, j'en réponds! tout le sel de la sagesse. Grande et maigre comme une louve affamée, la figure durement carrée, elle s'avance, ses coudes aigus en saillie, comme si elle allait jouer des cornes, et elle chante avec une voix qui semble en être une, tant elle vous perce le tympan! Voix criarde, — qu'on m'avait dite puissante, — d'une stridence d'acier qui s'ébrécherait sur de l'acier. Alors, les nerfs de son cou de milan déplumé se gonflent et se tordent, et ses bras, qui semblent très longs, elle les replie anguleusement vers sa poitrine comme si elle voulait arracher avec ses ongles le sein qu'elle n'a pas. Non! non! ce n'est plus là la Liberté de Barbier! C'est la Meurt-de-Faim qui veut manger les autres, l'Ogresse sociale avant la bombance; c'est la Canaille, enfin, qu'elle chante... De physique, elle n'est pas mal tout cela. Avec ses longs cheveux d'un blond sale sur le dos, ses cheveux en queue de cheval (encore si c'était la queue du terrible cheval qui déchira Brunehaut, mais ce n'est que celle de la haridelle du haquet populaire!), avec son long corps, long comme *un jour sans pain*, avec ses gestes épileptiquement saccadés et sa manière bestiale de marcher, — un *cancan* tragique! — elle exprime — d'organisme naturel — la Canaille, et si elle s'était hâlé les bras et campé bravement sur les vertèbres de son échine les haillons de la misère qu'il y fallait, peut-être aurait-elle fait jaillir dans les âmes plus hautes que les âmes bêtes de la foule un peu de cette brutale et basse poésie qu'elle veut exprimer; mais la chanteuse de café n'est pas une artiste : elle n'a donc pas un homme d'imagination qui la conseille. O sottise et vanité! elle avait une robe de velours noir à traîne et une torsade d'or, cette pauvre diablesse qui veut faire la Canaille, et qui manque son coup, par amour du chiffon! La Canaille en robe de velours noir et en torsade d'or, quand on ne fait pas la Canaille des salons, où il y en a une aussi... mais celle des tapis francs, du ruisseau et de la barricade!! C'est pis qu'insensé, c'est imbécile!!... et cela seul me fait dire que le sens de l'artiste manque à Mme Bordas.

Et ce n'est pourtant pas rien que cette femme, quand on y réfléchit. Rien, c'est la donzelle aux bras rouges, à la tête de verseuse de bière, aux yeux de plomb, que j'avais entendue chanter la veille, aux Menus-Plaisirs, sa chanson populacière d'une voix qui ne manquait pas d'étoffe, mais où la vie ne palpitait pas plus que dans la poitrine d'où cette voix sortait. Mme Bordas n'est pas cette belle brute. Mme Bordas, avec tous ses accrochements, raccrochements et arrachements de geste, au milieu de toutes ces ignobilités qu'il faudrait racheter à force de force, à force d'inspiration vraie et non pas de grimaces, de recherches et de parti pris, Mme Bordas a en elle, quelque part, je ne sais quoi, — un atome, si vous voulez, une molécule, — mais un atome de feu, une molécule ignée, qui pourrait, si on savait souffler intelligemment dessus, devenir une grande flamme. Mme Bordas a certainement en elle une monade d'énergie, un indiscutable ganglion de puissance intrinsèque, mais elle n'en tire que des contorsions qui sont la grimace de la force, des contorsions de folle échevelée et hagarde criant aux barreaux de sa cage, au lieu d'en tirer les effets qu'on pouvait espérer si elle avait été réellement la Malibran ou la Pasta de la Canaille ! Ignoble, on la disait ignoble autour de moi. Mais moi, je n'avais pas ce bégueulisme de la trouver ignoble dans son énergie, qui n'est celle ni de Jeanne d'Arc, ni de Roland, et même je l'aurais voulue plus ignoble, mais d'une ignobilité qui aurait eu son grandiose d'abjection et son idéalité renversée. J'aurais voulu qu'elle eût montré dans son jeu, comme dans sa voix, l'orgueil ivre et retourné de la Bassesse mise debout, le faste superbe de la fange quand on s'y roule et quand on s'en fait un manteau ! J'aurais voulu enfin qu'elle eût exprimé le type complet de la Truandaille moderne, qui sera le Communisme de demain, et au lieu de cela, cette chanteuse de café n'a été qu'une faubourienne, convulsée par l'absinthe. Elle pue le faubourg de Paris, qui n'est, en somme, qu'une canaille très spéciale dans la grande Canaille de l'humanité.

Voilà le reproche que je fais à Mme Bordas. Paris ne l'applaudit si fort, peut-être, que parce qu'il se reconnaît en elle. Elle va probablement le rendre infidèle à Thérésa, dont elle n'a ni la voix, ni le don de musique naturels, ni l'inspiration joyeuse et gauloise, ni le geste de tant d'ampleur. Thérésa est une accorte fille de la Gaule. De quelle caverne est-elle sortie, Mme Bordas? — « Mais Thérésa, — disaient autour de moi des femmes qui, elle aussi, dans le temps, l'avaient trouvée ignoble, — en comparaison de cette affreuse Bordas, Thérésa, c'est Mademoiselle Mars ! » Jugement piquant et presque vrai. Thérésa, en effet, monte dans la distinction idéale quand on entend grincer le tournebroche d'acier du gosier de Mme Bordas et qu'on voit le déhanchement de ses platitudes. Venue après Thérésa, a-t-elle voulu la faire oublier?... Mais, sans le savoir, elle aura plus travaillé à la gloire de Thérésa qu'elle n'a travaillé à la sienne.

III

C'est hier au soir seulement que j'ai vu au Châtelet les *Cosaques*, cette vieille pièce décrépite, rebadigeonnée... et à laquelle on n'assisterait pas jusqu'à la fin, sans le talent accompli qu'y déploie Paulin Ménier. Oh! Paulin Ménier, voilà, lui, un comédien comprenant! un de ces esprits qui pense à tout dans la composition de leur rôle ! Je crois l'avoir dit déjà, mais je voudrais bien dégager et bien préciser la gloire qu'il mérite : Paulin Ménier est le premier acteur du temps après Frédérick. Il s'en rapproche et il s'en sépare ; car il a trop d'originalité pour l'imiter et ses qualités sont différentes. Frédérick, c'est, avant tout, l'immensité dans l'ampleur. Ménier, c'est l'impersonnalité et la profondeur. Dans son rôle de Duriveau, est-il assez profond, assez impersonnel, assez savant, assez complet dans sa simplicité ? Y a-t-il un jeu plus comique, plus mordant et plus sobre ? C'est un *Charlet* qui marche sur la scène, ou plutôt c'est toute une succession de Charlets.

Quelle tenue ! quelle physionomie ! quelle moustache ! quelle manière de mettre son chapeau sur l'oreille et de l'ôter ! et d'écouter, un sourcil levé, — qui est un chef-d'œuvre, ce sourcil !... Duriveau, le tueur de Cosaques, l'ancien sergent de la garde qui s'est mis en bourgeois pour mieux les expédier, Duriveau, qui fait avec son élève tête à l'invasion tout entière, a, tout le temps que dure la pièce, l'attention éveillée du chien de chasse, — car il chasse aux Cosaques, et joyeusement, comme un bon chien ! — et le coup d'œil en surveillance de l'homme traqué. Cherchez un défaut à ce jeu sans charge de Paulin Ménier, sans outrance, sans caricature, de cette vérité travaillée qui devient au Théâtre le phénomène du naturel! Cherchez-en un seul, vous ne le trouverez pas! Pour les connaisseurs, c'est une perfection... Duriveau, c'est le soldat français, l'adorable type du soldat français, avec son imagination *don quichottienne*, sa gaieté, son sentiment, toutes les choses plaisantes et touchantes qui sont si délicieuses, l'héroïsme du soldat français!... En écoutant Ménier, les plus superbes deviennent des chauvins. Selon moi, cet excellent acteur ne joue pas assez de rôles, talent mûr à présent, en pleine possession de lui-même, fort de sécurité et de certitude, qui s'ajusterait également à tout avec la même supériorité!

Il a été la vie, le rire et l'enthousiame de la soirée. On s'est chauffé à lui et ceux qui ont bien joué lui ont pris de sa vie. Mlle Céline Montalant elle-même, la vivandière Céline Montalant, s'est teinte du reflet de Ménier tombé sur elle et qui l'a rendue plus charmante, plus *bonne fille*, plus luronne, sous son gracieux bonnet de hussard. Elle a joué aussi rondement qu'elle est faite, et elle nous a battu une générale, dans le feu des fusillades, avec un entrain et des poignets!... Si ce n'est pas sur nos cœurs qu'elle la bat, c'est sur nos imaginations. Dans la salle, c'est nous qui étions son tambour, et nous avons résonné en applaudissements!

DALILA

LE VER RONGEUR

Dimanche, 3 avril 1870.

I

Il était, dans ce temps-là, plus jeune et plus sincère, M. Octave Feuillet. Ce n'était pas encore le Tennyson — en prose — de l'Impératrice des Français, le lauréat de Fontainebleau. Il avait, dans ce temps-là, la petite flamme de jeunesse qui n'est pas la flamme dévorante de la vie ou la flamme immortelle du talent, mais qui, pour les hommes, est, cette toute petite flamme, la *beauté du diable,* comme, pour les femmes, c'est un peu de rose à la joue. Il était jeune, et parce qu'il était jeune, et parce que dans la jeunesse on ne doute de rien, il osa nommer son premier drame de ce nom énorme de *Dalila,* — de Dalila, la Tondeuse de Samson !

Il est vrai qu'il remplaça les cisailles de la Philistine par les petits ciseaux anglais, acier et or, d'une fille de ce temps éreinté, plus appropriés à sa main. Mais n'importe ! sa Léonora n'en fut pas moins le type toujours neuf, parce qu'il est éternel, de ces femmes qui, depuis Dalila et comme elle, tondent les hommes de leur énergie, et les déchirent, de leurs faibles mains, sans danger, une fois qu'elles les ont tondus. . Le fond de la pièce, excessivement simple, est, au bout du compte, ce fond humain sur lequel on a tant fait de romans et de drames, et sur lequel on en fera probablement toujours. C'est la situation très commune — et même plus commune qu'on ne pense — d'un homme qui a le cœur partagé entre deux sentiments contraires, — et qui meurt de cet écartèlement, l'homme de M. Feuillet !... car la plupart des hommes n'ont pas assez de cœur pour qu'on en puisse faire deux morceaux. Telle cette *Dalila* de M. Feuillet, telle cette pièce de sa prime jeunesse, qui est encore, pour l'heure, tout ce qu'il a fait de meilleur. Elle eut un grand succès quand il la donna, et elle le méritait. Dix ans sont passés... *Dix ans, c'est bien long dans la vie !* et après dix ans, le succès est ressuscité avec la pièce, lundi soir, au Théâtre-Français !

II

Non qu'il n'y ait des défauts dans le drame de M. Feuillet. Il y en a, et de très graves. Je n'en relèverai qu'un, mais pour moi terrible, parce qu'il tend à fausser le fond de nature et de vérité que je reconnais dans la pièce. Ce défaut... capital, c'est qu'au lieu d'être un homme, le premier homme venu, le héros de M. Feuillet soit un artiste. De réflexion, M. Octave Feuillet n'a pas voulu qu'il fût autre chose qu'un artiste, et même un grand artiste. Et la raison de cela, c'est que, dans l'opinion, selon moi très erronée, de M. Feuillet, les grands artistes sont tous, *nécessairement,* des passionnés, des vaniteux, des imbéciles, si on veut sublimes, mais des imbéciles, toujours prêts à tout sacrifier à quelque fille perdue ou perverse; c'est qu'enfin ils ne sont tous, ces grands esprits, que de la *chair à femmes,* comme les conscrits, de la *chair à canon!* Théorie insultante, calomnieuse et insupportable, démentie d'ailleurs par la nature des choses et par l'Histoire. Les grands artistes sont plus forts que cela! Ils peuvent souffrir. Ils peuvent avoir de cruelles heures. Ils peuvent jeter leur temps et leur cœur dans ce gouffre d'une femme aimée. Mais ce n'est jamais bien long! L'Art les sauve. Le travail aussi. Ils le mettent comme un dictame sur leurs blessures. Qu'on cite un seul artiste — vraiment grand — qui se soit tué pour une femme!... Ce n'est pas Gœthe qui s'est tiré le coup de pistolet de Werther, c'est son ami Jérusalem.

Les Dalilas, qui tondent même les hommes sans cheveux, n'ont jamais mis entre leurs genoux une tête de génie pour y faire, avec leurs ciseaux, la tonsure qu'on faisait jadis aux Rois dégradés, et que la sœur du Duc de Guise voulait faire à cet hermaphrodite d'Henri III. Nulle part on ne trouvera, dans l'histoire de l'esprit humain, un seul homme de génie tondu par une femme comme Samson! Samson était un homme de guerre. Les hommes de guerre et d'action peuvent passer sous les ciseaux des coupeuses de crinières. Les artistes, non!... Michel-Ange adora toute sa vie la marquise de Pescaire, qu'il ne posséda pas... et il laboura dans ses marbres pendant quatre-vingts ans! Raphaël mourut, dit-on, de la Fornarina, mais il en mourut heureux, placide, dans la sérénité du travail continu, tenant en ses défaillantes mains ses pinceaux, trempés de lumière! Il n'y a jamais eu que de faux artistes qui aient été arrachés par des femmes au travail, à leur Art, à la gloire, et qui aient eu, à cause d'elles, de ces désespoirs d'étalons.

Mais la notion du grand artiste manque à M. Feuillet. Sait-il ce que c'est, qu'un grand artiste ? L'opinion de Carnioli, qui est la sienne, et qui est la thèse de la pièce, fait de ce rôle de Carnioli un poncif dont tout le talent de Bressant ne couvre pas la déclamation et la vulgarité. Ce pouvait être là l'écueil de la pièce devant un parterre de connaisseurs et d'artistes ; mais combien y en avait-il dans la salle ?... Les bourgeois sont toujours enchantés quand on dit devant eux tout le mal qu'ils pensent des artistes, et M. Feuillet, c'est l'expression des idées bourgeoises. Il est sûr de ses bourgeois, comme M. Thiers, des siens ! M. Feuillet en a les affections, comme il en a les idées et le langage.

Dans cette *Dalila*, son chef-d'œuvre et sa mesure, il parle ce français boiteux... *de l'un et de l'autre côté*, comme dit la Bible, et qui mène en clopinant à l'Académie. Et cependant, malgré ces vices de langage qu'à toute minute on pourrait souligner, malgré la thèse de l'artiste sans caractère, de ce Polichinelle à deux fins écarquillé entre Léonora et Carnioli, malgré des bouffissures qui sont les fluxions de cette pièce, elle a intéressé. Une histoire d'amour nous prendra toujours, même mal racontée... Et voilà le mérite de M. Feuillet : il y a vraiment de l'amour dans sa pièce. Le mot de la Miséricorde divine : « On lui pardonnera beaucoup parce qu'elle a beaucoup aimé », lui sera appliqué par la Critique. On a dit que l'amour comme nous le peint M. Feuillet était un amour particulier, un amour morbide, malsain, corrupteur, *Capouan* de délices amollissantes, coupé de violences et de langueurs ; l'inflammation, déjà tachée de nuances putrides. Mais quoi de particulier dans tout cela? C'est de l'amour comme il est fait dans toutes les veines et dans toutes les âmes, si l'on n'a pas le bonheur de mourir aux premières minutes de l'Aurore, sur le balcon de Roméo !

III

C'est donc l'amoureux qui est le rôle principal dans cette pièce connue de *Dalila*, et cette pièce reprise devait surtout nous intéresser par la manière dont elle serait jouée. C'est donc l'amoureux qu'il fallait faire tout plutôt qu'un artiste ! parce que le travail console et que l'idéal est même un empêchement à l'amour. C'est l'amoureux, c'est-à-dire le rôle le plus difficile à jouer dans toutes pièces, où le plus difficile, pour l'acteur comme pour le peintre, n'est pas la tête *à caractère*, avec les rides et les verrues que le vieux Cromwell n'entendait pas qu'on oubliât dans ses portraits, mais cette tête d'amoureux qui exprime l'amour, et seulement l'amour ! On trouve, au Théâtre, dix talents pour tous les genres de rôles contre un pour jouer les amoureux. Il n'y en a peut-être pas eu depuis Molé, à la Comédie-Française, et encore nous n'avons pas vu Molé !

Ce n'était pas Molé qui devait jouer lundi dans la pièce de M. Feuillet, c'était ce *travailleur en amoureux* qu'on appelle Delaunay, lequel, malade, a été remplacé par Febvre. Febvre n'a pas, comme on dit, le physique de l'emploi. C'est un robuste garçon, plus fort que beau, au cou court, sanguin, mais assez Samson pour une Dalila aussi fine de corsage que Mlle Favart. De figure et de stature, il est plus fait pour jouer les rôles *à caractère* que l'amour, et on ne lui en donne jamais. Remplacer Delaunay, velouté par la distance comme un paysage, était une grave affaire pour Febvre, trop intelligent, d'ailleurs, pour l'imiter. Febvre, qui veut devenir un grand artiste, et qui se préoccupe, avec raison, d'originalité, n'a pas donné de démenti à son tempérament. Il a joué avec l'émotion, les larmes, les irruptions de sensibilité et les colères d'un sanguin, — d'une espèce de Mirabeau de vingt-cinq ans.

Dès le premier cri qu'il a poussé en se jetant au cou de son vieux maître Sartorius, qui l'accuse d'ingratitude, on s'est aperçu qu'on allait avoir devant soi un amoureux qui n'est plus un ténor de l'endroit, mais un bouillonnant de sang bien rouge, mais un gaillard capable de faire craquer, par la force de son émotion, toutes les conventions dans lesquelles cette Haute Prude femme de Comédie-Française enferme ses acteurs; et peut-être allait-il les briser, comme la Circassienne, en grandissant, brise sa ceinture! Il a joué virilement cette chose si peu virile. Il a mis un homme dans cette réduction d'Antony, qui est le Roswein de M. Feuillet. Il y a mis un homme bien constitué et profondément nettoyé de tout romantisme et de tout air fatal. Il a joué enfin l'amour... pour l'amour!

Lui, dont la voix, quand il parle, a des brumes et des engorgements (qu'il y prenne garde! c'est encore un nettoyage à faire et qu'il fera!), il a eu l'art de jouer son rôle presque tout en cris, ce langage de l'amour lorsqu'il a dans le cœur tous les glaives que les femmes savent nous y planter! et parmi ces cris, il en a poussé vraiment de très beaux. J'ai parlé de celui par lequel il éclate dans son rôle. Celui qu'il lance, en arrêtant, avec un geste de boulet, la soubrette de sa maîtresse qui veut sortir, a fait faire un petit haut-le-corps à toute la salle. Seulement, je signalerai un silence que la salle n'a pas applaudi comme elle aurait dû, et qui m'a paru valoir les plus beaux cris. C'est quand, dans la scène où il joue de l'orgue, et où, le dos tourné au public, il regarde Léonora, qu'il voit de face et qui le fascine... On ne le voit pas, lui, puisqu'il a le dos tourné au public, mais son dos est expressif comme une physionomie. Il y a une si violente passion dans la torsion de ce cou pour se retourner vers elle, sa Dalila, et la suivre du regard sous les draperies des portes et jusqu'aux balustres du balcon sur lequel elle va s'appuyer, qu'on devine le collier de force, ferré déjà, et dont elle tire la longe toutes les fois qu'elle s'éloigne! Toute la honte qui va suivre pour cet homme, passé à l'état de chien, et qui doit être écrasé sous ces deux pieds exécrablement charmants, est dans le mouvement de ce cou que n'a pas vu la salle, impressionnable aux choses extérieures dans le jeu d'un acteur, mais qui ne voit presque jamais les choses profondes...

IV

C'est Mlle Favart qui tenait la grande partie de la pièce, avec Febvre, et qui est restée plus que lui de la *maison*. Elle a joué, de son rôle, la coquetterie insolente et arrogante avec trop de raideur de cou et une insolence par trop étalée. Mlle Favart est toujours, dans le calme d'un rôle qui, en devenant passionné, la passionne, l'affectation la plus savamment accomplie et qui réussit le mieux. Mais, comme le sourire qui part du sérieux pour rentrer dans le sérieux peut manquer de charme, mais ne manque pas d'effet, lorsque entre deux affectations, qui vont aussi près du naturel qu'il est possible sans y entrer, Mlle Favart a, tout à coup, un mot, un geste, un cri justes, elle saisit l'applaudissement davantage, et celui-là, on ne le lui donne plus!... elle le remporte... comme une victoire! Je la félicite d'avoir eu, lundi soir, plusieurs fois, de ces gestes et de ces mots justes. Ainsi, car il faut toujours citer, en ces études d'acteurs, quand la Léonora a eu besoin d'exalter, pour s'en emparer davantage, la vanité de son amant, et qu'elle veut lui persuader qu'il est son maître, Mlle Favart s'est baissée devant lui avec un geste si heureux que j'ai cru qu'elle allait se couler physiquement sous ses pieds, et j'ai pensé au mot de Jean-Paul : « Quand « nous nous agenouillons devant les femmes, que « ce soit comme l'infanterie devant la cavalerie, « pour nous relever et pour donner la mort ! » Elle, elle se mettait plus bas qu'à genoux, et elle donnait plus que la mort ! Elle l'accompagnait de tortures.

Ainsi encore, après une des scènes les plus orageuses de ce drame, elle est sortie, et tout à coup elle est rentrée, pour dire encore une fois à son amant : « Je t'adore ! », et elle l'a dit, ce : « Je t'adore ! » à se faire, elle-même, tout de suite adorer. J'avais vu Mlle Mars, dans une scène à peu près semblable, sortir et revenir pour dire à son amant : « Je t'aime ! » ; Mlle Mars allait jusqu'à lui et moelleusement, à voix contenue comme l'eau d'un verre plein dans une main tremblante, elle lui redisait ce mot : « Je t'aime ! » déjà tant dit, comme si c'était une confidence, un mystère dévoilé de plus. Elle se fondait en le prolongeant, dans ce mot « Je t'aime ! », qu'elle étendait sur son amant comme une nappe de velours, — et, le croira-t-on ? sur la salle entière ; car il n'y avait plus, dans toute la salle, que des amants... Certes ! Mlle Favart n'a pas ce charme. Mais elle a le sien.

Elle bondit, elle, au lieu de s'en venir doucement, avec les langueurs d'un cœur qui n'en peut plus et qui fait traîner sa démarche, et elle dit impétueusement : « Je t'adore ! », avec une voix qui entre dans le cœur comme une lame... le coup de poignard du bonheur ! Enfin, quand elle se voit perdue, démasquée, sur le point d'être tondue aussi par le mépris de l'homme qui l'aime, elle s'est couchée sur le canapé devant lui, la tête plus basse que le corps, tout à la fois prosternée et hardie, et dans une pose qui a envoyé promener à ce moment-là toutes les traditions du Théâtre-Français ; elle a mis en valeur par son attitude, la païenne ! les beautés dont elle sait la puissance, et elle les a offertes à son amant, comme une touffe de flammes !...

Superbe de mise, d'ailleurs, pendant toute la pièce ! D'abord, en robe bleue, d'un bleu si pâlement doux, avec sa guirlande de roses blanches jetée en écharpe sur la jupe ; et au dernier acte en robe rose et noire, mais d'un rose qui a des tons de feu. De ces deux robes, le chef-d'œuvre est la bleue. A elle seule, elle était tout un rôle. Dans la scène de la fascination, pendant que Roswein est à l'orgue, et qu'elle, la Dalila, tourne autour de lui à pas sourds, dessinant la spirale du gouffre dans lequel elle l'attire, lente, muette, l'engourdissant déjà, le pénétrant, lui distillant tout autour du corps la lumière empoisonnée des yeux, qui est le plus intime contact de deux êtres, elle entre par une porte, sort par l'autre et s'accoude au balcon, dans l'air de la nuit, scélératement et homicidement rêveuse. Eh bien, cette robe bleue, dans la nuit plus bleue, dans une nuit plus céruléenne encore, cette robe gouachée par le fard de la lumière électrique qui a des reflets bleuâtres, a donné à la rêveuse l'aspect d'un rêve ! Ç'a été idéal de beauté, et la Critique a subi l'enchantement du rêve... Mademoiselle, elle ne vous jugera plus !

V

Mais elle reprendra son sang-froid pour juger Bressant et Lafontaine. Bressant (Carnioli) n'était plus l'Alceste du *Misanthrope* qui m'a fait tant de peine l'autre jour. Il s'était réveillé de sa somnolente mélancolie. Il a été spirituel, — et quand j'ai dit cela, en fait d'éloges, j'ai tout dit ! l'esprit, pour moi, étant plus rare que le génie. Il a été vif, piquant et charmant. Mais pourquoi — lui, la distinction même ! — s'est-il mis cette barbe et ces favoris américains qui lui *embestialisent* sa figure de gentilhomme?... Franchement, c'est affreux! Quant à Lafontaine, ce soir-là, ç'a été tout simplement une merveille. Il a eu le courage de se faire vieux. Dans son personnage de Sartorius, il a été excellent d'*allemanderie*, et il m'a produit l'effet d'une vieille gravure allemande du commencement du siècle, un peu passée, mais délicieuse...

Ce pauvre mélodiste, qui ne parle pas, mais qui chante en parlant, ce vieux bonhomme lyrique, a été joué par Lafontaine avec l'emphase la plus intelligente. Les superficiels disaient autour de moi : « Mais qu'a-t-il donc pour déclamer ainsi? » Ils ne voyaient pas que c'est son rôle qui déclame. La fille de ce Sartorius si bien compris, Mlle Croisette, dont je ne voudrais pas affliger la jeunesse, n'a pas été la sentimentale du Nord que j'aurais voulu qu'elle fût. Elle a joué *sèchement*. Mais elle s'est bien évanouie à la fin ; elle est bien tombée, raidement, et très morte. Seulement, quand elle ne tombe pas, quand elle reste en scène, quand elle est perpendiculaire, faut vivre un peu plus, surtout quand on a dix-huit ans !

Pour Mlle Tholer, qui jouait la soubrette de la Dalila, elle a été spirituelle, non pas comme Mlle Tholer, que je ne connais pas, que personne ne connaît, mais comme Mlle Céline Chaumont.

Elle nous l'a donnée tout entière, et cela fait toujours plaisir de la voir ! Même manière de parler, d'accentuer, de laisser tomber sa voix dans les finales. C'est prodigieux d'imitation ; mais c'est scandaleux... *La propriété, c'est le vol*... pour Proudhon, oui ! mais pas pour moi. Je ne veux pas être le complice de Mlle Tholer. Voilà pourquoi j'engage Mlle Céline Chaumont à passer au bureau de la Comédie-Française et à y toucher les applaudissements qu'on y a versés, l'autre jour, pour elle, dans les mains de Mlle Tholer.

VI

Cette éclatante reprise de *Dalila*, sur laquelle il était impossible à la Critique de ne pas beaucoup s'étendre, laisse bien peu de place — et c'est, je crois, tant mieux ! — au compte à rendre de la comédie jouée aux Variétés, cette semaine, sous le titre du *Ver rongeur*, cette loque de plaisanterie usée, traînant, à propos de voitures, dans le ruisseau de toutes les bouches, qui la répètent avec cet infatigable entêtement du même mot particulier à ce cher et spirituel pays. Les auteurs de ce *Ver rongeur*, MM. J. Moineaux et Bocage, gens d'esprit, dit-on, veulent ramener le théâtre des Variétés dans son ancienne voie (jusque-là c'est très bien), et ont cru réagir contre la bêtise à musique ou la musique à bêtise, qu'on joue, dans ce théâtre de Désaugiers et de Brazier, depuis trop longtemps. Seulement, ils ont réagi contre les musiques à bêtises avec des bêtises sans musique. On y a perdu, — et on n'y a pas gagné !

Le *Ver rongeur* est une pièce sans mise en scène, sans décors, sans costumes, sans couplets, sans rien (mais rien !) à quoi l'imagination puisse se prendre un peu. C'est une farce taillée dans cette incomparable platitude : faire payer vingt-sept heures de voiture à un Ahuri, qui court, pour l'acquitter, après un billet passé de main en main et dont le porteur est précisément son cocher, — et la platitude de ce fond est accompagnée de toutes les platitude de la forme. Cependant, on a ri !... L'étoile des Variétés est une étoile heureuse. En se levant sur le *Ver rongeur,* elle en a fait un ver luisant. Aux Variétés, le rire pleut du plafond, je crois, quand il n'y pleut pas des pièces. Mais ce soir-là, il n'est pas venu de si haut. Tous les gens qui font dix fois par jour la plaisanterie du *Ver rongeur*, ont trouvé drôle de la voir faire le soir dix fois de plus, et ils s'en sont tordus de rire comme s'il y avait un ver rongeur du rire et qu'ils l'eussent dans les intestins... Les acteurs étaient certainement plus que les auteurs dans la gaieté surprenante causée par cette pièce. Grenier y promène son impayable nez de roi Pétaud, ce nez qui s'avance et flaire si comiquement toute la salle, et Christian y joue, avec son sérieux important et bouffon, le rôle d'un vieux hussard du temps de Charles X, qui se vante (est-ce une plaisanterie contre l'armée qui prit Alger?...) de *n'avoir jamais vu le feu.*

Moi, ce que je n'ai pas vu, c'est le feu de l'esprit des auteurs, et c'est ce que j'eusse voulu voir !

L'ŒIL CREVÉ

L'ONCLE MARGOTIN

―

Dimanche, 10 avril 1870

I

Rien cette semaine. Que vous dirai-je ? je crois bien que les plus gros morceaux sont avalés. Nous touchons à la fin de la saison dramatique. Nous avons eu, en file, *Lucrèce Borgia*, une vieille pièce, mais qui, inconnue aux générations nouvelles, leur a fait l'effet d'une pièce neuve ; puis l'*Autre*, de Mme George Sand ; puis la *Fernande*, de M. Sardou. Et à présent, le temps tombe au sec et aux Reprises...

Mais aux Reprises heureuses ! *Dalila* a été la reprise d'un succès, et l'*Œil crevé*, qu'on joue déjà depuis plusieurs jours et que je suis allé voir hier, dans le carême de premières représentations que nous avons eu cette semaine, a retrouvé l'applaudissement fidèle. Cet *Œil crevé* n'est nullement un succès crevé. Le public nombreux que j'ai trouvé là, — ce public qui a passé cet hiver par les *Brigands* et la *Princesse de Trébizonde*, et même par les *Turcs*, plus fâcheux passage ! les *Turcs* qui ne sont Turcs que comme les eunuques ont l'honneur de l'être, — ce public qu'on pouvait croire blasé sur toutes ces musiques de la même... colophane, qui est la farine de la musique, *ejusdem farinæ !* ne l'était pas du tout hier soir. Il a lâché le piston de son rire aux mêmes endroits qu'autrefois, et battu des mains aux mêmes places où la musique, spirituelle et piquante autant que la musique peut l'être, nous a vengés des bêtises du livret.

Les *Turcs*, eux, dont nous avons parlé quand on les joua, avaient été faits par plusieurs personnes, c'est-à-dire manqués. Mais l'*Œil crevé* appartient, à ce qu'il paraît, à M. Hervé tout seul. Il a été, en un seul, le compositeur et le poète. Mais, chose bien étrange ! c'est comme s'il avait été deux. Le musicien, car c'est un musicien que M. Hervé, et c'est son meilleur titre, s'est choisi en lui-même un bien mauvais collaborateur. Ce musicien, doublé d'un poète, n'a pu établir entre eux d'harmonie, et il m'est apparu, dans cet

Œil crevé où il a tout fait, comme une cacophonie vivante, — la cacophonie de la Bêtise et du Talent.

Le Talent y est indiscutable, — par Dieu ! ce n'est pas Beethoven que M. Hervé, mais le talent est, dans son *Œil crevé,* comme cette flèche qui fait si bien à l'œil qu'elle ne crève pas, — heureusement ! — de la douce et blanche Blanche d'Antigny. Il y est, mais la bêtise aussi, et la bêtise encore plus ! Oui ! musique quelquefois inspirée, et poème toujours, toujours idiot. « Ce qui ne peut être dit, on le chante », disait Figaro. Il fallait donc tout chanter dans l'*Œil crevé !* mais on y parle. L'ouverture, la meilleure chose de la pièce, l'ouverture, charmante de gaieté, de verve, de mouvement, dispose à entendre une pièce qui lui ressemble, et vous mène à une farce infecte. Les plus degradantes plaisanteries montent sur des combinaisons de notes très pimpantes et très jolies, et s'y tiennent accrochées comme d'affreuses et grimaçantes guenons sur des chevaux pleins de grâce et d'alacrité. Contraste heurté qui donne à l'œuvre un ton faux.

Ah ! ils prétendaient que la musique, ce que je n'ai jamais cru pour ma part, pouvait exprimer la pensée aussi nettement que la parole. Et quel exemple qu'il n'en est rien que cette musique, qui dit le contraire de son poème et qui fait plaisir cependant, malgré les imbécillités que le poème exprime à chaque mot. Pour les esprits délicats, la musique de M. Hervé gagnerait certainement à être chantée par des acteurs qui *vocaliseraient* au lieu de parler. L'Imagination rêverait alors en l'entendant, sans être cruellement blessée comme elle l'est par les paroles sur lesquelles on l'a plaquée, et qu'elle ne traduit pas... Car la Musique, c'est l'Art de la Rêverie, et si tenter de la faire dramatique c'est déjà violer et abaisser son génie, que devient-elle quand elle accompagne les plus sales besognes de l'amuseur public, et qu'elle a même la prétention de les servir et de les faire triompher ?...

II

Et s'il n'y avait encore là dedans qu'une farce stupide! — mais il y a une farce immonde. Il y a tout entière, dans cet opéra de l'*Œil crevé*, et peut-être est-ce encore une explication de son succès, la tendance la plus dangereuse et la plus basse de toutes les tendances de ce temps. On y insulte, de parti délibéré et pris, tout ce qu'on devrait respecter. On s'y moque de tout. On y *fait scie* de tout. On y gamine avec tout. On y *blague* sur tout : la morale, la religion, la noblesse, toutes les *fleurs* de noblesse, la vieillesse et la maternité ! On réduit en poussière ces choses augustes, majestueuses et sacrées, et en crachant dessus, on en fait de la fange, et on l'offre au public dans cette coupe d'or enchantée de l'inspiration musicale, et le public la boit dans cette coupe et l'avale, cette fange qui n'est pas seulement de la fange, mais aussi du poison ! Et, croyez-le bien ! Je n'exagère pas. Un musicien n'est jamais qu'une flûte et n'a pas plus de moralité qu'une flûte.

Quand il a fait son turlututu, il se croit quitte envers Dieu et envers les hommes. — Mais il y a dans l'*Œil crevé* autre chose que des turlututus réussis ; il y a des paroles qui sont, au fond, des crimes contre l'ordre social, et qui, sur les ailes de la musique, passent sans qu'un seul sifflet indigné les arrête au passage. Le : *C'était ma mère !* » de Géromé, en apprenant que le bailli était l'amant de la blanchisseuse dont il est le bâtard ; le : « *Si vous êtes mon père,* » du même Géromé au même bailli, « *donnez-moi cent sous !* » sont de ces ignobilités qui avilissent le rire et pourrissent les mœurs du peuple qui en rit... Or, c'est au peuple aussi que sont destinés les spectacles comme l'*Œil crevé*. Il y avait autant de peuple que de gens qui n'étaient pas du peuple dans la salle des Folies-Dramatiques, hier soir, et voilà les plaisanteries dont il a pu se régaler et dont il rapportera le souvenir à la maison, lorsque les plaisanteries sont en France une des plus fortes influences qu'il y ait sur la vie ! Voilà, au moment où les législateurs parlent de moraliser le peuple par la lecture, l'instruction, les lumières, ce qu'il entend dans les théâtres que n'oseraient, sous prétexte de liberté, faire fermer ces législateurs !

Et qu'on ne dise point qu'il ne s'agit que d'un *Œil crevé !* Il s'agit de la conscience humaine que l'on crève. Je trouve ridicule de demander la foudre pour tuer des puces, comme l'homme de la Fable ; mais il y a d'autres insectes, pires que des puces, et ce n'est pas la foudre qu'on prend pour s'en débarrasser !

Je renvoie donc les Folies-Dramatiques et l'*Œil crevé* aux pharmaciens !

III

Avant l'*Œil crevé*, joué, du reste, avec beaucoup de soin et d'entrain, et dont l'orchestre a été encore le meilleur exécutant, on a joué un *lever de rideau* intitulé : l'*Oncle Margotin*, une pochade, mais où le sentiment du comique a éclaté plusieurs fois. L'auteur, M. Chincholle, est un jeune homme que je vous présente aujourd'hui et que plus tard je vous représenterai. Il a vocation théâtrale. C'est l'auteur d'un tout petit recueil de maximes et d'observations : *Pensées de tout le monde,* grand comme l'ongle. Seulement, l'ongle est de pur onyx et coupe.

C'est le commencement de la griffe du poète dramatique, qui poussera...

LES FATS

Dimanche, 17 avril 1870.

I

Les théâtres sont toujours malades des mêmes congestions. La semaine dernière, pas une seule première représentation. Cette semaine-ci, malgré le caractère religieux qui la distingue, et que plusieurs théâtres à traditions respectent encore en ne jouant pas cette semaine-ci, trois premières, dont deux le même jour ! J'ai déjà réclamé contre l'entassement stupide des premières représentations dans une même soirée, et cela dans l'intérêt de tout le monde, et même dans celui des Directions, qui, pourtant, n'en méritent aucun... J'ai réclamé, mais combien — dans ce pays de la routine, des préjugés, des queues *leu leu*, des moutons de Dindenaut, plus dindons encore qu'ils ne sont moutons, — s'élèvera-t-on de fois contre un abus avant de faire apercevoir qu'il existe?... Deux ou trois représentations le même soir! Que la Critique, qui ne se dédouble ni ne se détriple, s'arrange comme elle pourra! Elle n'est que de l'Art et il s'agit des grosses bêtises de la spéculation maladroite. Les postillons sont plus heureux que nous! Ils ne courent, du moins, qu'un relais... à la fois. — Deux premières représentations hier soir, plus la seconde des *Fats*, de M. Imbert. que la maladie de l'acteur principal avait interrompus. A laquelle aller?... J'ai préféré cette seconde aux deux premières, que je garde pour la semaine prochaine, et je m'en vais vous dire pourquoi.

La raison de cette préférence, — de ce choix d'une pièce entre toutes, qu'il est impossible de voir le même jour, — c'est qu'elle est, celle-ci, presque tombée; c'est que la Critique a été extrêmement dure pour elle, et que cette dureté est une injustice. Il y a des soirs où le cure-dent dramatique est implacable de mâchonnement et de légèreté. Un homme est inconnu, sans recommandation, sans relations, sans notoriété. Il débute par une pièce qui est une idée. Il ne l'a pas jetée, son idée, dans le moule où les pièces d'ordinaire se coulent et se fondent. Il n'a point dans la main le procédé qui dispense de talent et qui rapporte davantage. Le cure-dent dramatique, qui se mâchonne après dîner, crachote par son tuyau deux à trois paroles impertinentes, et la pièce est noyée dans ce peu de salive. Elle ne valait pas plus que ça... Tout est fini ; la cause est entendue... Et on s'en va, heureux et injustes comme des princes, rire au *Ver rongeur* à ventre déboutonné.

Mais moi, je parlerai ! Je dirai mon petit mot sur une pièce qui n'en a inspiré que de cruels. Je le dirai à la seconde représentation ; car je n'étais pas à la première ; à la seconde, qui sera peut-être la dernière. (On parle de ne plus jouer la pièce de M. Imbert, et même de fermer le théâtre des *Délassements*... lassés, ce qui ne serait pas du tout comique.) Je le dirai après coup, le coup dans le cœur pour cette pauvre pièce, mais c'est égal, je le dirai !... Ma critique ne redonnera pas de reins à cette pièce éreintée, mais elle montrera qu'elle en avait. Ah ! il y a bien pis pour une pièce que d'être éreintée. C'est, avant de l'être, d'être tronquée, mutilée, circoncise. C'est de passer par les ciseaux qui tondent les pièces et qui leur coupent adroitement les oreilles, en ne croyant couper que des cheveux. Ah ! les Directions ! quelles jolies Dalilas, aux deux mains gauches ! Franchement, j'aime mieux Mlle Favart, dans la pièce de M. Feuillet !

Quant à M. Imbert, tondu comme Samson ou comme un conscrit, qu'il se console ! C'est un jeune homme qui n'est déjà plus un conscrit, puisqu'il a vu le feu... de la rampe, et il est assez jeune (il a le temps!) pour que ses cheveux puissent repousser.

II

Ce qui fait que j'ai un grand goût involontaire pour M. Imbert, pour le débutant de cette pièce des *Fats*, qui n'a pas réussi, c'est qu'il aime le Théâtre et qu'il le méprise, tel du moins qu'on le conçoit et qu'on le réalise à cette heure. Il ressemble un peu à ces malheureux qui aiment une femme les yeux ouverts, qui la jugent, la méprisent et l'adorent. Ces gens-là m'ont toujours paru très intéressants en amour... M. Imbert aime le Théâtre, se croit né pour faire du Théâtre, et il en méprise les ficelles, les rengaines et les conventions. M. Imbert à sa fierté. Il répugne à passer sous les portes basses, sous les atroces fourches caudines par lesquelles il faut nécessairement passer pour arriver au succès, dans ce temps de radotage dramatique où tout le monde fait la même pièce et où il n'est pas même permis d'en faire une autre. Oui! telle est l'explication de ma sympathie pour l'auteur des *Fats*. Débutant, il avait besoin, pour réussir, de tout le monde, de tous les préjugés, de toutes les voies conciliatoires, de toutes les idées reçues, et il a eu le courage de n'être que lui-même et d'envoyer promener le succès, — qui, du reste, y est parfaitement allé !

Reviendra-t-il de sa promenade?... Je n'en sais rien, mais je ne le crois pas. Les pièces tombées ne se relèvent pas plus que les femmes tombées... Et, d'ailleurs, l'auteur ne le désire peut-être pas.

La comédie donnée aux Délassements-Comiques, le seul théâtre qui ait voulu la prendre, et qui ne l'a prise qu'à condition, pourtant, n'est plus que le tronc défiguré de sa comédie... Esprit plein de ressort, il pense déjà à nous en donner une autre. Après les *Fats*, nous aurons les *Grotesques* ; car M. Imbert n'entend pas l'Art dramatique comme les pleurards et les lamentins de ce temps-ci, qui fourrent des larmes dans leurs pièces... *Tirez ! tirez ! tirez ! Ils ont* PLEURÉ *partout!* M. Imbert, qui a la vigueur de l'observation, veut se colleter avec la vraie, la profonde et la grande comédie, — la comédie de *caractère*, taillée en pleine humanité, en pleins ridicules éternels, — et qui n'est ni le jeu brouillé et débrouillé d'une intrigue, ni les surprises d'une enfilade de situations.

Les *Fats* d'aujourd'hui étaient précisément une de ces comédies de *caractère* que personne n'ose

plus. Et cela seul, à part le mérite d'exécution de
la pièce, devait intéresser la Critique et la rendre
favorable à l'auteur. Tous les sentiments ont leur
sottise, par conséquent il y a des fats de tout
genre. Mais la Fatuité, dans le sens restreint que
le monde et M. Imbert donnent à ce mot, est un
de ces ridicules éternels qui ne tiennent pas aux
mœurs d'une époque et d'une société, mais aux
racines mêmes de notre être. Tant qu'il y aura sur
la terre des hommes et des femmes, il y aura des
fats, et même il n'est pas prouvé que s'il n'y avait
plus qu'un seul homme et qu'une seule femme, il
n'y aurait pas un fat encore! C'est ce fat-là que
M. Imbert a voulu nous montrer, dans toutes les
variétés de son espèce. Il les a étagés dans sa
pièce. Il y en a de vieux et de jeunes, de tout âge,
de toute nuance, de tout poil, de toute perruque,
de toute calvitie. Ils sont fats, tous, dans le fond de
leur nature humaine, mais ils le sont comme on l'est
au dix-neuvième siècle; ils ne le sont pas comme
on l'était au dix-huitième ou à quelque siècle précé-
dent. Quand, dans le *Méchant*, de Gresset, qui est
aussi un fat et qui donne même des leçons de fatuité :

> Ayez-la! C'est d'abord ce que vous vous devez,
> Et vous l'estimerez après, si vous pouvez!

Cléon exprime, en vers charmants, la fatuité

des gens qui avaient encore une souveraine élégance, les formes d'une telle fatuité ne peuvent ressembler à celles d'un temps qui n'a plus que de la grossièreté. Les fats de la comédie de M. Imbert ont la *crudité* de l'époque qui a inventé le mot *positif* pour masquer sa grossièreté et sa bassesse, et qui l'applique à tout, jusqu'à sa philosophie! Ils sont affreusement positifs, ces fats. Ils le sont de langage, de manière, de vulgarité, de sans-gêne, d'immoralité, de cynisme. M. Imbert n'a rien adouci de ces types qui avaient autrefois une grâce d'accent qu'ils ont perdue... C'est là le mérite de M. Imbert et de sa pièce. La conception en est extrêmement simple. C'est uniquement un steeple-chase organisé par tous ces fats à qui *arriverait premier* à la possession d'une fille de ce temps, comme ces messieurs en sont.

Cette femme, toute moderne, qui fait la traite avec sa propre chair et ne l'estime que le prix qu'elle la vend, a été saisie par M. Imbert avec une franchise d'observation et de peinture qui ne s'inquiète d'aucune des conséquences de cette peinture et de cette observation.

La scène, surtout, où la mère d'un des fats vient arracher son fils, pris dans les pinces de crabe de l'épouvantable femme qui le dévore; cette scène plus que hardie, où la mère, lâche comme la mère moderne qui a perdu sa dignité dans les tendresses familières de l'enfant et le tohu-bohu de la société domestique, cette scène, qu'il fallait faire plus longue, a été abordée par M. Imbert avec une cruauté de réalité si poignante et une si effroyable simplicité, qu'il a dû révolter la petite moralité bête d'un public qui ne comprend pas encore que le meilleur moyen de dégoûter du vice, c'est de le peindre ressemblant!

Et c'est là... qui sait?... peut-être la raison de l'infortune de cette malheureuse pièce : une manière trop hardie et trop impassible de prendre la corne de la difficulté. Le comique de M. Imbert manque de ce jet de gaieté brûlante qui en aurait fait oublier l'audace. C'est un comique froid, mais énergique, quelque chose de rudement caricaturesque à la manière de Daumier. Ces bourgeois fats lui appartiennent. Le style de M. Imbert est un excellent style dramatique, clair et nerveux, sans déclamation, sans emphase et sans périphrase. Qualités d'étude, qualités naturelles, car l'homme naît avec son style comme il naît avec sa voix, et que personne n'a remarquées dans ce débutant qui promet, et dont on s'est détourné trop vite. Ne pas voir des promesses, c'est comme ne pas voir des fleurs... Victime de la Direction d'un théâtre qui ne l'a accepté qu'en le défigurant, *pour son bien,* comme dit Tartuffe, il l'a été encore de l'interprétation générale de sa comédie, aussi mauvaise qu'il pouvait la craindre, mais dans laquelle pourtant, à côté d'un valet que l'acteur qui le joue a eu l'originalité de faire grave, solennel et fastueux comme un ministre, s'est produit, au milieu de toutes ces médiocrités, un homme qui pourrait bien devenir un maître, et dont je veux avoir l'honneur de parler le premier.

III

C'est un acteur nommé Deberg. Il jouait le plus vieux de ces fats. Il est jeune, m'a-t-on dit, et on a eu besoin de me le dire; car il est impossible de ne pas le croire un vieil acteur, qui profite admirablement de sa vieillesse pour jouer la décrépitude lubrique d'un vieux fat polissonnant sur le bord de sa fosse, les deux pieds avalés déjà par le cercueil... Je parlais plus haut du rapport qu'il y a entre le talent de M. Imbert et le talent de Daumier. Deberg l'a compris, et il *s'est fait* un des casse-noisette les plus terribles du célèbre caricaturiste. Il s'est grimé, on peut le dire, avec une outrance, un acharnement de vérité, une rage de relief qu'ont seuls ces Intenses qui sont ou qui deviennent de grands artistes.

Ce n'est plus un homme, c'est un cadavre qu'on a poussé dans le sac d'un habit noir et qui y est resté debout; c'est une tête de mort à laquelle la peau adhère encore, mais quelle peau! maquillée, vernissée, repeinte, retapée, avec les trois cheveux de Cadet-Roussel courant l'un après l'autre dans le désert de cette calvitie, sur cette boule reluisante et bosselée! Les mouvements automatiques de ce cadavre galvanisé sont inouïs, et font encore plus frissonner que rire quand le vieux polisson chatouille la taille des femmes avec ses mains d'os de mort glacés et gantés de frais... Ni Voltaire, ni Gobseck, dans Balzac, n'ont un rictus plus coupant et plus articulé; mais ni Voltaire, ni Gobseck, n'ont ce désir de vieux vampire dans leur rictus vide qu'a ce fat de la bourgeoisie enrichie, qui se croit irrésistible parce qu'il a des pièces de cent sous! Baudelaire, ce poète de la *Charogne* et des *Petites Vieilles,* aurait-il admiré la *création* de ce bonhomme infect et propret, dont les lèvres violettes s'entr'ouvrent incessamment pour montrer la cavité, veuve de dents, de cette bouche qui ressemble à un trou, et dont il fait sortir, quand la luxure secoue son squelette carié dans son linge blanc, la langue du chien de la Bible qui retourne à son vomissement?

Et c'est réellement là une *création!* Deberg a vingt-trois ans, dit-on, et des dents courtes et charmantes. Je vous dis cela comme si je vous disais un conte; car il est impossible de croire à ces vingt-trois ans et à ces trente-deux dents, pour qui ne l'a vu, comme moi, qu'à la scène et dans la pièce de M. Imbert. Comment s'y prend-il donc, cet acteur sincère, pour arriver à la perfection de ce mensonge? L'autre jour, il a failli mourir, empoisonné par le blanc de plomb dont il se sert pour produire ces effets prodigieux du visage. Voilà l'héroïsme de l'Art! Heureusement qu'il a échappé à la mort, oui! heureusement pour l'Art dramatique.

Et, de fait, il y a peut-être un Perlet de l'avenir dans ce héros-là !

MATHILDE

Lundi, 2 mai 1870.

I

La stérilité dramatique de la semaine m'a fait aller voir la reprise de *Mathilde*, ce vieux Burgrave de drame dont la barbe fait sept fois le tour de la salle de la Porte-Saint-Martin... Jour de Dieu! est-ce vieux, cette vieillerie! Voilà pourtant ce qui eut du succès autrefois, sous le coup du roman célèbre dans lequel ce drame avait été taillé! *Mathilde,* en effet, est un des premiers romans convertis en drame et mis en scène avec la rapacité qui veut de l'argent et du succès dramatique, — le plus physique, le plus tangible et le plus grossier des succès!

Pour mon compte, je ne crois pas à l'œuvre qui souffre ni à l'artiste qui se permet de pareils travestissements. Tout artiste qui a de la fierté, et il en a s'il est un artiste de race, respecte son œuvre, une fois achevée, et ne porte plus ou ne laisse plus porter sur elle ces mains de cuisinier dramatique, qui fait un drame avec un roman, comme avec un gigot on fait du hachis!

Mais Eugène Süe n'était nullement un grand artiste. Il n'avait l'élévation morale de rien, pas plus de son œuvre que d'autre chose. C'était un tempérament d'inventeur, qui, certainement, ne manquait pas de puissance, quelque chose (si vous voulez) comme le Rétif de la Bretonne du Romantisme expirant et du Socialisme à son aurore. Il vécut entre ces deux Faussetés, et il porta toujours sur son talent leur double et troublante influence. Matérialiste de nature (de doctrine, il s'en fichait bien!), aimant le succès, le bruit et l'argent, comme il aimait tout, avec sensualité, ce dandy sans goût — car il était dandy et même aristocrate, ce père de Tortillard et de Couche-Tout-Nu! ce dandy qui, comme son Lugarto, aurait mis des bagues en diamant par-dessus ses gants gris-perle, — coupa son roman comme on coupe son chat, s'adjoignant, pour cette besogne, un autre hongreur dramatique qui dépeça et tripota la chose comme si elle avait été à lui... L'œuvre mutilée, *arrangée* (comme ils disent), rompue par l'échiquier scénique dans lequel il fallut, de force ou non, la faire entrer, n'était plus le roman de *Mathilde*. Ce qu'il y avait de mieux dans le roman, fut sacrifié. Le type, par exemple, de la vieille fille méchante, Mlle de Meiran, je crois, qu'Eugène Süe avait peinte comme il peignait, c'est-à-dire maçonnée avec une truelle, ne s'y trouvait pas.

Cet autre hongreur était Félix Pyat, — qui avait déjà hongré l'Histoire et François Ier dans son drame d'*Ango*, où François Ier, le héros de Marignan, est représenté comme un poltron... Honnête manière d'apprendre l'Histoire au peuple, de la part de ce républicain de l'avenir, qui, malgré ses opinions humanitaires, ne craignit pas de faire un drame où les hommes en couleur, ces *intéressantes victimes de la tyrannie des blancs*, étaient déshonorés en masse, dans l'affreuse personne de Lugarto !

Car voilà ce qui frappe tout d'abord en cette mauvaise pièce, sans talent et sans style, de deux hommes célèbres par leurs opinions révolutionnaires : ils ont, le jour qu'ils travaillèrent de compte à demi dans *Mathilde*, souffleté les opinions de leur parti en faisant de Lugarto un nègre imbécile, idiot et atroce, quoique idiot, lâche, grotesquement lâche, justifiant, par sa conduite, le mépris des blancs pour sa race et le bambou des planteurs ! Pour des gens comme MM. Pyat et Eugène Süe, tout nègre devait être un Toussaint-Louverture, — un Spartacus plus ou moins sublime, un vengeur terrible, oui ! je le veux bien, mais pas ce Turcaret (nous connaissions déjà le Turcaret des Blancs, mais le Turcaret des Noirs !!!), pas ce coquin bas et féroce et ridicule de Lugarto ! Faire un pareil homme, c'était construire, comme une tour, un argument pour ceux qui tiennent, à tort ou à raison, les nègres comme une race inférieure.

Cela n'importait guère, je le sais bien, à Eugène Süe, qui n'avait des opinions socialistes et républicaines que comme les gilets rouges, pour *tirer l'œil* et être vu de plus loin. Eugène Süe, qui n'était un républicain qu'à la manière de Barras, — du marquis de Barras, le Directorien, dont il aurait aimé à se planter les panaches sur la tête, — Eugène Süe se souciait bien, au fond, des Nègres, qu'il aurait fait monter derrière sa voiture et qu'il aurait cravachés très bien, s'ils en avaient abattu maladroitement le marche-pied. Mais M. Pyat, lui, affectait d'être austère... M. Pyat devait donc avoir pour la race de tous les opprimés — depuis le Nègre jusqu'au Chiffonnier — une pitié et un respect qui devaient l'empêcher de mettre la main à cette hideuse caricature de Lugarto, la calomnie de toute une race !

Mais, bah ! il n'y a pas de républicain qui tienne

devant cette convoitise et cette tentation d'un succès dramatique, et la haute vertu de M. Pyat a succombé...

II

Quant au drame en lui-même, je l'ai dit : une vieillerie ! Je n'accuse point M. Raphaël Félix de l'avoir remis en scène. Il a bien fait. C'est une éducation pour nous de revoir ces choses auxquelles on a cru, et de récurer les vieux pots de nos admirations. Il n'y a pas dans tout ce drame de *Mathilde* une *seule surprise* qui renouvelle ces choses connues... *Mathilde* — quels que soient les noms qui ont signé ce drame ! — est le dernier des bâtards qu'Alexandre Dumas ait faits par distraction, — en s'oubliant.

M. Alexandre Dumas, qui, comme Louis XV, était né pour mieux que pour faire des bâtards du *Parc-aux-Cerfs*, M. Alexandre Dumas est le père malade et distrait de tous les drames qui sont venus après les siens. Il a été le modèle que MM. Süe et Pyat n'ont pas cessé d'avoir sous les yeux en écrivant leur drame. Leur Lugarto est un des types à sa manière... S'il ne l'eût pas risqué à la scène, c'est qu'il se fût arrêté devant la peau de ce mulâtre, en pensant à la sienne. Mais, certainement, c'est un des types qu'il affectionne, — une nature d'étalon, un Orang-outang tout à la fois furieux et blasé, et se permettant, tout singe qu'il est, de raisonner comme un homme ; un mélange d'Antony et de Monte-Cristo tombé dans le cirage du nègre et en sortant tout barbouillé, depuis les badigoinces jusqu'aux oreilles, qu'il a couchées comme celles d'un lièvre qui a peur ! Brésil a très bien joué ce rôle de Lugarto qui est toute la pièce, si bien jouer est ne pas élever d'un pouce la création de son auteur ; mais, selon moi, bien jouer, c'est y ajouter ! C'est y ajouter son intelligence, son intuition, sa sensibilité à soi-même... Et Brésil n'est pas monté jusque-là.

Je m'attendais au Néron ou au Marquis de Sade des nègres, — et je n'en ai eu que le commis-voyageur, bête, lâche et fastueux, comme ses cinq millions de revenu.

III

Les autres acteurs n'avaient pas, comme Bresil, de rôle *en dehors*... Ce drame de *Mathilde*, soixante-quinzième répétition des drames où le Vice est puni et la Vertu récompensée, ce drame où la Providence est représentée (ah! la Providence n'est pas fière) par un *patito* et par un cocu, — le *patito* Rochegude et le cocu Sécherin, amoureux de sa femme, amoureuse elle-même du comte de Lancry, — n'a réellement pas un seul rôle dans l'étoffe duquel un acteur ou une actrice de talent puisse se serrer énergiquement pour se marquer le torse et faire saillir ses avantages. Celui de Lancry, odieux, bas, et même insupportable, puisqu'il a pu être coupable d'un faux et que Lugarto le tient et le traîne par la chaîne de ce faux et lui fait descendre ainsi tous les degrés d'escalier de l'ignominie, est joué par Charly, — l'ancien duc d'Albe en sucre candi paternel de M. Sardou, dans *Patrie!* — et ce rôle d'un homme qui, dans la morale d'Eugène Süe et de M. Pyat, n'a que deux partis à prendre et qui ne les prend pas : tuer dès le premier acte Lugarto, ce qui, du reste, abrégerait et simplifierait la pièce, ou se faire à lui-même sauter la cervelle ; ce rôle aplatissant a écrasé Charly jusqu'à la voix.

De contrariété et de honte de n'avoir qu'à trembler et à obéir tout le long de ce rôle imbécile et méprisable, le nez de Charly, qui est assez étoffé, est tombé dans sa gorge, et c'est de ce nez qu'il parle tout le temps de la pièce. Rochegune, le premier des deux providentiels, n'a pas d'autre physionomie que celle que prend l'acteur Montal dans la fameuse scène où ils font signer à Lugarto, le revolver à la main, les plus impossibles déclarations d'infamie. Cette physionomie égaye la situation. A la manière dont il se courbe sur son revolver et dont il ajuste si patiemment l'orifice de l'oreille de Lugarto, on se rappelle la manière d'ajuster M. de Pourceaugnac, à un autre endroit, qu'ont les Matassins de la Comédie, et le pauvre Montal, dont le physique pâlot n'est nullement féroce, n'apparaît plus alors que comme le matassin de l'assassinat... Lacressonnière, qui joue, lui, l'autre providentiel, le cocu amoureux de sa femme, ce qui, par parenthèse, n'est pas une bien grande originalité, est, je dois le dire, excellent dans la première partie de son rôle, et si bon, même, que je ne l'ai pas reconnu... Il a été rond, naturel et charmant comme un parfait acteur de vaudeville, ne rappelant aucunement l'emphatique déclamateur que je connais. Mais ne voilà-t-il pas que le cocu joyeux et confiant est devenu, dans la pièce, tout à coup, mélancolique et forcené, et mon vieil emphatique a reparu. Il s'est mis à pousser, comme le cresson au bord des eaux, et j'ai retrouvé, dans son entier, Lacressonnière. Mlle Essler, qui jouait Ursule Sécherin, n'est pas faite pour exprimer le repentir. Or, Ursule Sécherin se repent si vite et si net, dans le drame de *Mathilde*, qu'on dirait qu'elle se casse dans le repentir comme une porcelaine, elle, le petit acier trempé dans le vice, qui semblait si solide de perversité, de fausseté et de dépravation!

Mlle Essler, la nerveuse et féline Jane Essler, n'est plus maintenant la petite guivre que j'ai vue autrefois. Son visage s'est élargi. Elle n'est plus cette organisation de harpe éolienne frémissante, dont les cordes se tordaient au souffle de la moindre émotion qui passait en elle. Les cordes de la harpe ne se tendent plus qu'à son cou maintenant, quand elle parle ou qu'elle crie... Enfin, de tous les artistes qui secouent tant bien que mal, en cette pièce de *Mathilde*, des lambeaux de rôles dans lesquels rien ne se tient, Mlle Lia Félix, qui fait précisément Mathilde, Mlle Lia Félix est la seule qui se soit, ce jour-là, montrée supérieure au rôle qu'elle jouait.

Et cela sans effort, par le fait unique de la distinction de sa nature, qui lui fait enlever sur je ne sais quelles ailes le rôle le mieux bâclé pour rester à terre et à plat. Mlle Lia Félix a dans le port, le geste et la voix, et tout l'être, un élancement, une manière de porter un rôle, le plus insigniflant et le plus triste des rôles, comme les canéphores portaient, d'un air si aérien, les plus lourdes corbeilles! Mathilde, du drame d'Eugène Süe, est une femme mélancoliquement vertueuse, toujours entre le malheur et son pressentiment, et qui n'a qu'une scène, dans toute la pièce, où elle vive fortement : la scène où elle est enfermée dans la petite maison de Lugarto, et où, livrée à ce monstrueux goujat à cinq millions de revenu et à peau de revers de bottes, elle n'a plus d'autre perspective (il vient de l'endormir avec un breuvage) que le viol pendant son sommeil.

Mlle Lia Félix a joué cette scène en sœur de Rachel, qui n'imite pas sa sœur, mais qui est de la même race que sa sœur. Elle a eu la peur physique, et elle l'a donnée, de la chose physique qui allait s'accomplir. Elle a poussé les cris de la Pureté qui tout à l'heure sera souillée, — des cris exaspérés et purs, d'une voix limpide qui se brisait en éclats et semblait retomber autour d'elle comme des morceaux de cristal! Elle a eu l'angoisse de ce sommeil qui vient et auquel elle dit, sachant ce qu'il apporte : « Non ! je ne veux pas dormir! je ne dormirai pas! » Mais ce n'est pas cette énergie, ce n'est pas cette palpitation *rachelienne* qui m'a étonné dans l'unique moment passionné du rôle de Mathilde. Non! c'est l'attitude, la physionomie, l'être entier de Mlle Lia Félix, dans ce morne rôle d'une si vulgaire réalité et qu'elle élève jusqu'à l'idéal. Belle de la Beauté svelte et délicate, de la Beauté qui tremble sur sa tige, mais qui noblement s'y dresse, Mlle Lia Félix a été une divine figure pendant toute la pièce. Elle m'a rappelé la Pia du Dante. Elle a été de cette incomparable noblesse de tristesse qui ne se dément jamais, et qui reste sur son visage comme l'éternelle correction des traits y reste aussi, malgré les déchirements de la douleur! Depuis les *Treize*, où elle me frappa tant par la royauté de son élégance, je ne l'avais pas revue. De face, elle m'a paru avoir sous les yeux des dépressions et des fatigues qui la rendent plus humainement touchante, comme des traces de douleur secrète, — l'empreinte du pouce invisible qui nous creuse et nous meurtrit tous. Mais la ligne aquiline de cette charmante tête de médaille antique n'a pas bougé, et elle rayonnait plus que jamais, hier soir encore, dans l'immortalité de son profil!

IV

Cette reprise de *Mathilde,* pour laquelle la Direction de la Porte-Saint-Martin s'est mise en frais, excite la curiosité plus qu'elle ne l'a satisfait. Hier, la salle était pleine, l'attention grande, mais l'émotion petite, et, chose que l'observateur doit noter, ce n'étaient pas les grosses terreurs de ce drame, construit et écrit pour les boulevards, qui réussissaient, c'était le Vaudeville qui s'y mêle, — c'était la partie gaie du rôle de Lacressonnière, ce cocu populaire à tous les théâtres, le *plus heureux...* de tous les rôles, inépuisable de comique dès qu'on le touche, dès qu'on le place, pour une minute, sous les yeux d'un public français. En France, on se dégoûterait d'Othello lui-même, qu'on ne se dégoûterait pas de Georges Dandin. C'est ce que je connais de plus solide dans notre nationalité. Cela donc, et le peu de vibration du public aux déclamations du socialiste Süe, renforcé du socialiste Pyat, pouvait faire croire qu'on était à un autre théâtre que celui de la Porte-Saint-Martin, ce soir-là.

Le public s'y est même montré d'une indulgence

charmante et plénière qui n'est pas dans ses habitudes, pour deux impayables provinciaux, deux robustes vieux Naïfs, sortis certainement du département le plus naïf de France, et venus alléchés par l'odeur, qu'ils croyaient respirer, d'un ballet chimérique et qu'ils demandaient autour de nous, avec des avidités de vieillards qui avaient rêvé le ballet toute leur vie et qui avaient attendu cette heure tardive pour en voir un! A chaque instant, transportés de curiosité, ils se levaient tout droit dans l'orchestre, plongeant sur la scène pour voir venir ce ballet qui n'arrivait pas.

Certes! ils ne « morguaient pas de leurs larges dos » les spectateurs comme le gros monsieur de la comédie des *Fâcheux ;* car ils étaient étroits, longs et aigus, ces vieillards des Suzannes du ballet, manches à balai eux-mêmes (pardon!) d'inégale grandeur, et l'un d'eux, le plus haut, dans le trouble désordonné de son espérance, avait fini, au dernier acte, par garder son chapeau sur la tête, — un chapeau qui était une politesse pour la mémoire de Süe et qui faisait couleur locale, car c'était le chapeau de Pipelet! Eh bien, le croirez-vous? ces deux spectateurs irrités, irritants, hennissant et bramant après le ballet impossible, le fougueux public de la Porte-Saint-Martin, qui, d'ordinaire, a de si rudes rappels à l'ordre, les a laissés debout devant lui, rayant l'horizon, les deux piquets et le chapeau comme celui de Gessler au bout de sa gaule, sans qu'aucune voix ait crié « *assis !* » et sans qu'aucun Guillaume Tell du parterre ait, d'un trognon de pomme, abattu le chapeau !

Cela nous a permis de rire doucement à l'orchestre de ces deux bonshommes, acharnés au ballet, et qui s'en sont allés et ont passé devant nous avec des pantomimes de désespoir ! Tous les souverains se modifient donc et s'améliorent ? avons-nous pensé, en les suivant. Voilà le peuple souverain d'un parterre qui entendait assez brutalement le gouvernement personnel autrefois, et qui se fait maintenant de la plus douce et de la plus aimable condescendance !...

Mon Dieu ! oui. Jusqu'au souverain du parterre de la Porte-Saint-Martin, qui devient un roi-soliveau !

LA RÉVOLTE

Mercredi, 11 mai 1870.

I

Les œufs de fourmis s'amoncellent. Décidément, l'*infiniment petit* littéraire est sur le point de triompher. Le Myrmidonisme passe à l'ordre du jour. M. Villiers de l'Isle-Adam lui-même pense qu'une pièce, c'est quelques tirades dites par deux acteurs, nez à nez! Ce que je croyais une impuissance serait donc un système? mais par la raison que nos systèmes sont le plus souvent nos impuissances, — la théorie de nos pauvretés! M. Villiers de l'Isle-Adam est un Parnassien. *Parnassien!* le mot est trop grand pour le *genre* nain de ces messieurs. C'est des *Pygméens* qu'il faut dire! Leur Parnasse, à eux, n'est pas une montagne, — ou si c'en est une, c'est une petite montagne de bureau, achetée chez Susse... c'est un serre-papier.

M. Villiers de l'Isle-Adam ! Quel grand nom pour faire des choses si petites ! Avec ce nom-là, on est tenu au génie. M. Villiers de l'Isle-Adam est pourtant, de nature et de talent, plus haut que ce qu'il vient de nous donner au Vaudeville. De tous les Parnassiens, c'est le seul qui ait dans le ventre quelque chose qui ressemble à de la passion Il y a en lui du romantique des premiers temps. C'est, ma foi ! le seul que j'aurais excepté du cartonnage universel de ces poètes qui ont de l'âme comme des découpures de carton. Avant aujourd'hui, dans ce que j'avais lu de ce jeune homme qui devrait bien mûrir, il m'a toujours fait l'effet d'un Violent, un peu incohérent. J'ai lu autrefois le premier volume d'un roman qui n'en a pas eu de second. Cela s'appelait *Isis*, et le talent pataugeait là dedans vigoureusement, — avant de se noyer dans le non-sens du tout, comme le serpent Python dans les fanges du Chaos. Le serpent Python, aujourd'hui, n'est pas même une anguille.

Ce n'est guère qu'un goujon...

Oui ! c'était insensé, cette *Isis*, — grand éloge, du reste, pour un Parnassien ; car les Parnassiens ne sont pas capables de folie. Ils se tiennent, fermes et droits, dans autre chose, ces Jocrisses superbes, ces doctrinaires raides de la poésie vide, aussi vides et aussi raides que les doctrinaires politiques, tirés aux quatre épingles de la prétention lyrico-solennelle et boutonnés jusqu'au menton dans le rythme, sans qu'aucun bouton ne bouge... heureusement! Ils n'ont rien à montrer.

Et ce titre de : la *Révolte,* qui sent son violent, m'attirait... Je croyais que nous allions sortir de toute cette petite poésie efféminée, et j'étais content. La *Révolte* non plus *au sérail,* mais au ménage! la *Révolte* de la femme contre l'homme! bonne et riche idée de pièce dans un temps où la femme révoltée veut MANGER L'HOMME, selon le mot énergique de M. Dumas fils. Malheureusement, la pièce que j'entrevoyais n'est pas sortie, et personne, ni homme ni femme, n'a été mangé.

II

Nous avons eu trois scènes, à trois personnages : un mari, une femme, et une voiture. Les tirades de la voiture sont les plus longues, et l'orchestre les couvre, pour qu'elles ne le paraissent pas trop, avec des ronrons mélancoliques à porter le diable en terre, comme on dit. On m'a conté que M. Richard Wagner, que les Parnassiens compromettent beaucoup de leur respect et de leur admiration, avait envoyé à M. Villiers de l'Isle-Adam de la musique à tout casser, même la voiture ! Le Vaudeville ne s'est pas senti assez fort de violon pour la risquer... Ce mari de la *Révolte*, c'est le Commerce, c'est le Comptoir fait homme, et la femme qui lui est unie et qu'il emploie depuis des années à aligner des chiffres et régler ses comptes, c'est la Poésie ! c'est l'Idéal ! Il s'agit de battre l'un par l'autre. Je conçois cela. Mais, hélas ! voici comment M. de l'Isle Adam... ne s'en est pas tiré.

La Poésie, représentée par Mlle Fargueil, qui avait très bon air, avec sa mine sèche et sa bouche en tirelire, tout le temps des bordereaux et des reports, s'insurge, se révèle Poésie et n'a plus si bon air, et signifie — il est minuit — à son mari qu'elle va partir, et on entend alors la première tirade de la voiture ! Le mari surpris — on le serait à moins ! — ne demande plus des comptes, mais des explications, et il s'aperçoit un peu tard que ce qu'il prenait pour une femme d'affaires était de la poésie comprimée, qui, paf ! paf ! éclate à la fin !! Cette Poésie nous donne alors une surabondance de phrases poétiques, qui ne sont plus du tout dans la physionomie de Mlle Fargueil.

Cette révoltée de la Poésie, mais de la Poésie parnassienne, cette Bélise moderne qui meurt de la nostalgie des horizons, veut s'en aller retrouver l'horizon à minuit. Toujours positif, comme c'est son métier de l'être, son mari (Delannoy), laid, il est vrai, à fuir, lui demande si elle n'a pas un amant dans cette voiture, qui vient de parler, ou si elle n'irait pas en rejoindre un, avec cette voiture? Mais non ! non ! l'amant pour elle, c'est l'horizon ! Le mari parle bien d'un enfant, mais l'enfant, dans cette pièce où l'on se soucie peu du devoir des mères et du ciment de la société domestique, l'enfant, dont le mari ne va pas chercher le berceau pour en barricader la porte par laquelle cette femme veut sortir, l'enfant n'est que la cinquième roue à la voiture. Elle part donc, la femme aux horizons, et le bonhomme le souffre, quand il a deux bras pour l'en empêcher ! Elle part, et la voiture fait sa seconde tirade. Resté seul, et dans une désolation qui n'est plus une tristesse de comptoir et qui fait croire que l'âme va pousser à ce chiffreur d'affaires, le mari étouffe. Il se décravate... Mon Dieu ! oui, sans façon ! On disait autour de moi : « Va-t-il encore ôter autre chose ?... » Mais une syncope nous a ôté cette inquiétude. Il s'évanouit. La pièce aussi. On reste là, la toile levée. L'orchestre piaule lentement. C'est alors qu'on regrette Wagner, quand voici la troisième tirade de la voiture qui rapporte la Poésie, la Poésie qui n'a pas trouvé d'horizon dans les rues de Paris et qui rentre en scène, sans voir son mari, étendu contre la porte les quatre fers en l'air. — Il mérite bien d'en avoir quatre, n'est-ce pas?... Elle rentre, grelottante, s'approche du feu, prend les soufflets et souffle.

J'ai cru que les soufflets se changeraient en sifflets... Mais la salle a supporté ces soufflets sans mot dire. Mlle Fargueil, qui ressemble à une petite bonne femme qui rentre, transie, d'une messe de minuit, et qui regarde dans les cendres si sa pomme est cuite; Mlle Fargueil, une fois réchauffée, se remet, on ne peut pas dire : la queue basse comme un renard qu'une poule aurait pris, au bureau et à ses bordereaux, et le mari sort de sa syncope et la retrouve, écrivaillant... Vous croyez qu'il va être heureux, ce mari évanoui en l'honneur de sa femme? Eh bien, pas du tout ! Il est redevenu l'homme-Comptoir; il traite sa femme de folle, il la tance, il pédantise, il a une apoplexie de pédantisme qui ne le tue pas, cet apoplectique décravaté, et la conclusion de tout cela est le contraire de celle qu'on attendait. On croyait que l'Idéal rosserait le Commerce, et c'est l'Idéal qui est rossé !

Les Parnassiens ont applaudi, malgré cette conclusion peu parnassienne. On est venu traîner ce grand nom sur la rampe : M. Villiers de l'Isle Adam!

Heureusement, il n'y avait pas un seul chevalier de Malte dans la salle...

FLAVA

LA BOULE DE NEIGE

Dimanche, 15 mai 1870.

I

Voilà tout le menu de la semaine, et il est menu. Deux comédies, qui ressemblent à toutes les comédies! Des acteurs qui ressemblent à d'autres acteurs!... Au Théâtre, les échos sont terribles. Ils vous poursuivent. Ce sont de véritables persécuteurs. La *Flava*, qui n'est ni flave, ni fauve; car elle est jouée par la brune Colombier, laquelle imite, de jeu et d'épaules, Mlle Karoly, — plus heureuse (Mlle Colombier) d'épaules que de jeu; la *Flava* est une quinze-millième courtisane ennuyée, qui veut se faire rafistoler une virginité par l'amour. Quand donc sera-t-on las de traînailler cette vieille pantoufle?... En avons-nous vu, depuis Marion Delorme, de ces misérables courtisanes qui n'ont plus l'esprit de leur état !... La *Flava* de l'Odéon appartient au tas de ces drôlesses, hébétées du désir d'une vertu... impossible, qui ne diffèrent entre elles que par le costume. A elle, on a mis un péplum, au lieu d'une robe Renaissance ou d'une robe moderne, et voilà toute la grande invention qui a rajeuni et salé cette antique fadaise !

Flava aime son esclave Armor. On ne souffrirait guère sur une scène française qu'une cocotte aimât son domestique; cela paraîtrait dégoûtant et cela le serait... Mais, ô influence du péplum ! l'esclave jouit d'un privilège que n'a pas chez nous le domestique, dont nous avons fait, comme nous, pourtant, un intéressant citoyen. Quand donc les mœurs s'accorderont-elles avec les législations ?... Il est vrai que cet esclave est un capitaine de corsaire, fier comme Artaban. Mais Flava l'ignore une bonne partie de la pièce, et si profondément, qu'au commencement, dans une véritable indigestion d'elle-même, la superbe pécore s'est empoisonnée, et qu'elle ne s'aperçoit de son amour et de celui du capitaine que quand il ne lui est plus loisible que de crever... Telle cette pièce, qui n'est qu'un pauvre petit diable d'acte, pas écrit diablement. S'il l'était, encore ! Le péplum, le jeu d'osselets et une sorcière, — une

Locuste de quatre sesterces, — ce sont là les éléments et les forces de cette comédie, que les pédants appellent Néo-Latine, et que moi j'appelle Néant-Latine. Quant au style... le bruit s'était répandu dans la salle que l'auteur cachait un Parnassien sous son pseudonyme de de Vistre, mais les vers de Flava ont répondu à cette honorable calomnie. Ils n'ont pas l'allure de ces messieurs. C'est écrit... à la Doucet. On disait même autour de moi que l'auteur de *Flava* était un ami de M. Doucet, et un admirateur de sa manière, mais n'ayant pu encore s'en assimiler toutes les nuances. N'est pas M. Doucet qui veut ! M. de Vistre n'en est que le diminutif, pour le moment.

C'est un Doucettinet.

II

La *Boule de neige*, qu'on aurait pu tout aussi bien appeler l'*Avalanche*, — l'avalanche de la calomnie qui grossit en tombant, — mais qui n'eût pas été un meilleur titre que la *Boule de neige*, est une comédie où l'on pleure, comme dans toutes les comédies actuelles, et faire à deux, la plus mauvaise condition pour une pièce. En s'ajoutant, on s'entame. Deux auteurs, à eux deux, n'en sont pas même un. M. Brisebarre, le vigoureux *arracheur de dents,* n'a pas arraché celle d'une comédie à deux mâchoires. La seconde mâchoire était M. Nus. Il n'y a point de jeu de mots, ici. On ne peut s'y tromper. M. Nus aurait du talent, s'il ne s'associait ni avec M. Belot, ni avec M. Brisebarre, qui pourtant vaut beaucoup mieux que M. Belot, dramatiquement parlant. Leur pièce d'aujourd'hui, à MM. Brisebarre et Nus : la *Boule de neige,* est parfois d'un dialogue rapide et spirituel. Il s'y trouve un rôle plaisant, le rôle de Daigrefeuille, joué par un acteur qui a de la verve, mais qui rappelle trop Saint-Germain (du Vaudeville). En dehors de ce rôle et des scènes où il *est en scène,* la pièce n'est faite que des rocamboles et des choses communes avec lesquelles on opère, au théâtre, sur l'*animâ vili* du public.

Et de fait, le sujet est aussi vieux, aussi brimballé que s'il était tiré d'un roman d'Auguste Lafontaine. C'est une jeune fille de haute naissance dérogeant avec volupté et qui épouse un paysan ; c'est enfin le sentiment se moquant de la position sociale. Autrement le Préjugé vaincu, comme on disait au dix-huitième siècle, et le Préjugé sans hardiesse ; car le paysan, dans la *Boule de neige,* c'est un faux paysan. C'est un paysan comme les ouvriers de M. Manuel sont des ouvriers. Il est décrassé, décrotté, guêtré de cuir comme un gentilhomme à la chasse, et il dépasse de beaucoup l'instruction obligatoire de M. Duruy. Je crois, Dieu me damne! qu'il a fait son droit. Une jeune fille élevée comme un jeune homme s'éprend de ce jeune embourgeoisé et l'épouse, comme si elle avait lu les romans de Mme André Léo, très cavalièrement, très bravement, avec son petit toquet démocratique sur l'oreille. Un homme pourrait s'opposer à ce mariage, son parrain, qui lui sert de père, un ancien *beau,* mais il lui a toujours laissé faire ce qu'elle a voulu ; car les parrains, comme les parents, comme tout ce qui devrait rester investi d'autorité dans la vie de la famille, n'aspirent plus qu'à être les camarades de la marmaille dans le *tu à toi* universel ! Seulement, les propos vont leur train pour expliquer la mésalliance.

La liberté dont a joui Mlle Madeleine de Bressac sous la tutelle lâche de son tuteur, se retourne contre elle, et le défiant paysan qu'elle a épousé se prend d'une furieuse jalousie rétrospective, dès le premier jour de son mariage, en entendant ces propos, qu'il croit. De là des scènes dans lesquelles on ne sait pas lequel il est le plus, ou de bête, ou de fou ! L'acteur qui jouait ce rôle du paysan imite à son tour Laferrière, sans en avoir l'élégance et tout ce qui fait la personnalité de Laferrière, et il ne sauve pas les faiblesses de ce rôle de mari trop heureux, à qui des propos du monde ont tourné la tête. La femme trop garçon qu'il a épousée, et qui croit que de femme à homme c'est comme d'homme à homme, et qu'une parole d'honneur répond à tout, oppose sa bonne foi aux soupçons de son mari et la *pureté de ses yeux,* comme si c'était là un argument, avec les femmes, auquel on puisse toujours se fier ! et cela dure longtemps, trop longtemps, et enfin, après bien des brailleries, ça s'arrange, — et aussi lestement qu'on s'était brouillé.

Voilà la chose... à peu près, du moins. Cela est traversé d'un amour du parrain pour une autre dame, ce qui est une cause de confusion pour nouer la pièce et d'explication pour la dénouer. Comme vous voyez, le tout n'est pas merveille, et on n'en parlerait pas s'il ne s'agissait que de la pièce, mais il s'agit des idées que la pièce exprime et sur lesquelles les auteurs ont probablement spéculé. Ces idées sont (à mes yeux, du moins) les bassesses et les lâchetés d'un temps qui, par ses enseignements ineptes, est présentement en train de relâcher tous les liens sociaux, en attendant qu'il les brise... Ce type de Mlle de Bressac n'est pas, en effet, de l'invention absolue de MM. Brisebarre et Nus. Nous l'avons vu ailleurs.

M. Alexandre Dumas fils l'a mis, un jour, dans une de ses plus célèbres comédies. C'est la femme telle qu'on tend à la faire aujourd'hui, la femme par elle-même (*da se*) comme l'Italie, la femme à décision, à lumière et à volonté, la femme *honnête homme*, enfin, qui n'a plus ni les grâces, ni la pudeur, ni les timidités, ni les faiblesses de la femme *honnête femme* qui nous suffisait autrefois ! C'est la jeune fille raisonnable et d'aplomb, qui donne sa main à l'anglaise et à qui on ne la baise plus ; c'est la jeune fille sans rougeur, sans embarras, sans yeux baissés, sans adorables décontenances, et qui se permet des *initiatives* comme celle de cette mésalliance avec un paysan, que les auteurs de la *Boule de neige* ont voulu certainement nous faire admirer.

Le public de Cluny, qui, par parenthèse, ce soir-là, était très sensible, plus sensible qu'éclairé, appartenant à la moyenne de la bourgeoisie honnête, a trouvé charmant ce rôle de Madelaine, qui avale si gentiment son benêt de tuteur et qui épouse si étourdiment le premier venu, et il a applaudi... ce fond de choses.

L'actrice qui a joué le rôle de Madelaine, et qui l'a dit avec une netteté tranchante dans le ton, le vrai ton, du reste, de ce rôle déplaisant de fille-garçon, était une jeune femme à poitrine assez plate. Elle manquait de cette beauté spéciale à la femme qui s'épanouit à son corsage, et c'était bien... Amazone de l'un et de l'autre côté, sans opération.

Hasard spirituel !

LE LION AMOUREUX

(Fête Ponsard)

FERNANDINETTE

―――

Dimanche, 22 mai 1870.

I

La grande affaire, et je dirais presque la grande comédie de cette semaine, est, pour tous ceux qui croient encore au talent et à la littérature, la représentation du *Lion amoureux*, dimanche, en plein midi, à la Comédie-Française, à l'heure même qu'on érigeait à Vienne la statue de M. Ponsard; car ils ont beau le tailler en marbre ou le couler en bronze, il n'est encore pour nous que M. Ponsard. La postérité n'est pas venue et les badauds ne la devancent point. Nous nous estimons tenu à politesse vis-à-vis d'un homme hier vivant, et vis-à-vis duquel on ne sera plus tenu à rien du tout quand on cessera de l'appeler

M. Ponsard, et qu'il sera Ponsard tout court, comme on est Picard. Picard, en effet, oublié maintenant, tombé à néant, c'est-à-dire à sa place, fut, par la vogue et son genre de talent, le Ponsard de la comédie, comme Ponsard est le Picard de la tragédie et du drame, mais avec moins de fécondité dans sa *spécialité* que Picard dans la sienne. Les circonstances, plus grandes dans ce temps-là qu'elles ne le sont dans ce temps-ci, empêchèrent qu'on ne regardât trop à Picard. On ne lui dressa point de statue. En ce temps-là, le bronze semblait destiné à autre chose. Il avait — et on s'en souvenait — tonné trop longtemps en canons, pour qu'on voulût le faire mentir en lui donnant à exprimer de faux grands hommes. M. Ponsard est justement un de ces faux grands hommes pris pour un vrai grand homme, dans un temps où il n'y en a pas de vrais, et s'il y en a, où ils sont si obscurs qu'il faudrait les chercher et les découvrir, tâche trop forte pour l'opinion et pour les gouvernements ! « Quand on n'a pas de merles, on tue des grives », dit le proverbe. M. Ponsard est la grive littéraire qu'on veut nous faire prendre pour un merle, — et même pour un merle blanc.

Cela part d'un bon motif, sans doute. Alexandre couchait la tête sur les œuvres d'Homère renfermées dans une boîte d'or. L'Empereur des

Français veut-il avoir son chevet poétique, comme Alexandre ? Seulement, le front d'un Bonaparte m'a toujours semblé fait pour mieux que pour s'appuyer, sinon pour dormir davantage, sur les œuvres de feu M. Ponsard. M. Ponsard ! J'aime à dire M. Ponsard, comme j'aime à dire M. Prudhomme. C'en était un de forte encolure, et ce sont les Prudhommes qui le regrettent et qui le pleurent. C'est le *prudhomisme* qui l'a *statuefié*. Voilà déjà une explication à donner, mais ce n'est pas la seule, au prodigieux succès qu'il a eu de son vivant et qui continue ; car avant comme depuis sa mort, tout le monde a toujours donné à *l'honorable* M. Ponsard, comme ils disent à la Chambre, une importance de par-dessus les moulins ! Or, tout le monde n'aime pas la Poésie. Ce mets des dieux reste dans l'assiette de bien des sots... Ils aiment mieux la pomme de terre. Eh bien, la pomme de terre, c'est précisément M. Ponsard ! Un jour, dans une fête à popularité quémandée, Louis XVI, le pauvre Roi qui a perdu le plus ses coquetteries à la canaille, mit à sa boutonnière la fleur du tubercule de Parmentier. C'est la fleur que tous les Ponsardins ont pu mettre à la leur cette semaine. C'est la fleur de la poésie Ponsard ! Poésie pomme de terre ! Obtenue comme une pâte, avec un procédé fait de deux manières.

Espèce de nourriture vulgaire, farineuse, mais pas malsaine, pour les pauvres littéraires qui ont des tiraillements poétiques, comme la pomme de terre pour les pauvres tout court, qui ont des tiraillements d'estomac. Bonne chose, économiquement parlant, mais qui pourtant n'explique pas tout non plus. Ce qui achève l'explication de la gloire présente de M. Ponsard, c'est le procédé, c'est la combinaison et la fusion des deux manières à l'aide desquelles ce pharmacien poétique a obtenu sa pâte et pris son brevet d'invention... C'est, enfin, la grande idée du temps, appliquée ici à la Poésie et au Théâtre. L'idée du temps qu'on retrouve partout, l'idée des sagesses du temps, des gouvernements du temps, de tous les impuissants du temps; l'idée bête du Juste Milieu !

II

Et de fait, voilà le mot concluant après lequel il n'y en a plus à ajouter ; voilà le mot définitif de ces funérailles de bronze et de marbre qu'on fait à un homme d'un talent d'argile ! Le Juste Milieu y a mis le *juste* prix, et a payé tout ce bronze et ce marbre-là... Le Juste Milieu n'est pas mort, allez! avec le gouvernement de Louis-Philippe; avec la poésie de Casimir Delavigne, qui valait mieux que M. Ponsard ; avec la peinture de Paul Delaroche, qui était le Casimir Delavigne de la peinture ; avec la philosophie de M. Cousin, qui n'était que le Juste Milieu sur le terrain de la métaphysique. Il vit encore. Il vit toujours. Il est même immortel, puisqu'il est le système forcé de la médiocrité humaine.

La Médiocrité humaine, immortelle aussi, a toujours cru, en se regardant et en se tâtant comme Sosie, que le comble de l'habileté et du génie était de se tenir entre les extrêmes, elle qui n'a de force pour aller à l'extrémité de rien ! Aussi, partout, s'est-elle assise entre les partis, entre les doctrines, entre les dangers, entre tout ce qui a des extrémités et des extrémités terribles, et pour sa peine, Dieu soit béni ! elle y est restée toujours, comme on dit (les proverbes ne se gênent pas !) le cul par terre, entre deux selles. C'est ainsi que le bronze consacré à M. Ponsard aurait dû le représenter. Le poète de l'*Honneur et l'Argent*, le poète du *Lion amoureux*, qui ne s'est pas contenté de faire du juste milieu littéraire dans ce drame, mais aussi du juste milieu politique, aurait trouvé de cette façon sa meilleure forme pour exprimer ce qu'il fut et symboliser son génie. Ils l'ont bien représenté assis, mais les deux selles n'y sont pas, et c'était entre les deux selles, sur lesquelles il ne s'assit jamais, qu'il fallait le représenter !

Mais si les selles manquent à sa gloire, ils ont vu l'entre-deux, tous ceux qui ont assisté à cette fête et qui ont parlé de M. Ponsard ; tous l'ont glorifié de son entre-deux, de son *statu quo* dans l'entre-deux. Ici, à Paris, avant la représentation du *Lion amoureux*, M. Émile Chasles, le fils de Philarète, qui compromet la piquante figure de son père en étant son fils, mais qui n'en compromet pas l'esprit de la même manière, M. Émile Chasles a fait une conférence dans laquelle il a exalté lui-même le juste milieu et *ponsardiné* tout le temps. Je doute qu'en l'entendant, son père, ce fin, amusant et parfois étincelant Scaramouche littéraire, mais qui se moque bien des pantalonnades quand elles n'ont pas d'esprit, eût répondu à qui lui eût dit : « C'est donc là, monsieur, votre fils ? » par le fameux : *J'en suis bien aise*, de La Fontaine...

Pendant donc que M. Émile Chasles, à Paris, ponsardinait, d'autres Ponsardins faisaient écho à Vienne.

Il y en avait un, inconnu encore, mais de haute espérance, un M. Gouet, qui a lu ou fait lire des vers composés par lui (ces gens-là disent : *composer des vers !* (en l'honneur du chef de l'École du *bon sens*, — comme si ces fats croyaient l'avoir confisqué! et dans cette pièce de vers, c'est le Ponsard d'entre la poésie romantique et la poésie classique qu'il nous sculpte. C'est le poète du cul par terre, l'homme des deux selles absentes, qu'il trouve sublime! Après M. Gouet est venu un autre ponsardin, célèbre celui-là, illustre, rayonnant, académicien, du juste milieu aussi, de l'école du bon sens aussi, M. Émile Augier, l'auteur des *Pariétaires,* qui a lancé des fusées lyriques de la force de celles-ci, lesquelles nous ont vengé de la statue imméritée en nous montrant quelle espèce de langue ces hommes de bronze, ou réservés au bronze, parlent entre eux!

> Te voilà revenu pour toujours dans ta ville,
> *Tranquillement* assis sur un trône d'airain,
> Le seul que n'atteint pas la *tempête...* CIVILE,
> Le trône du *travail, idéal et serein!*
> Pour te mieux accueillir, la CITÉ maternelle
> A convoqué *le ban des pays d'alentour,*
> Dans la foule accourue à la *bonne nouvelle,*
> Tous les amis sont là, saluant ton retour!
> Tous, hélas!... des absents il faut qu'on se souvienne...
> Beaucoup manquent ici qui t'ont reçu là-haut!
> Dezé, Beguin, Thénard, Térien, enfant de Vienne,
> Bixio, Durand-Fornas, mais avant tout Raynaud!
> *Lorsqu'on* parle de toi, *lorsque* c'est moi qui parle,
> Le premier nom qui vienne aux lèvres, c'est son nom.
> Il nous a bien aimés tous les deux, notre Charle!
>
> (Sans S)
>
> J'avais son dévouement, TOI, SA DÉVOTION!

(Qui ne rime pas. Il n'y a ni rime ni raison dans cette dévotion-là!)

Voilà, en effet, comment ils entendent la poésie, les Ponsardins! Eh bien, je ne suis pas suspect! j'aime mieux les Parnassiens et je les trouve plus forts... M. Ponsard, *l'uomo di sasso* d'aujourd'hui, parle la même langue que son ami M. Émile Augier. Il a la même laine dans le bec. Dans ce *Lion amoureux*, vanté par M. Émile Chasles comme un modèle d'énergie, nous avons :

... Les rugissements de la tribune... FAUVE !

Et puis :

... la Phryné
Promène *en char* LASCIF son triomphe *effréné*.

Puis encore :

Pour moi, SELON MON BRAS je l'ai déjà servie.

Puis encore :

...... dans ses mains, j'aperçois la baguette
Qui charme les *soucis* de votre âme... *inquiète*.

(Qui ne rime pas... mais il ne s'en *inquiète* point).

Puis toujours :

Tous les enchantements renaissent sous vos doigts.

Vous croyez qu'il s'agit d'une tapisserie ou d'une broderie, et pas du tout, il s'agit d'un bal que donne Mme Tallien... et qu'elle fait *avec ses doigts !*

Puis, pour finir ; car il faut en finir !

> Que de les CONFINER (les femmes) DANS L'AMOUR
> des dentelles !

Oui ! de par Dieu ! j'aime mieux les Parnassiens. Ils n'ont jamais parlé en ce charabia de frotteur... à frotter ! Les Parnassiens savent rimer. Ils ont le métier, s'ils n'ont pas le génie. Ils ont la forme poétique et une volonté d'être poètes... Leur enfer est pavé de bonnes intentions. Mais les Ponsardins n'ont ni forme, ni fond poétique, ni d'autre volonté que d'être bien sages, et ils le sont sans effort... comme de vieux enfants qui n'eurent jamais le tempérament d'un homme dans leurs plus jeunes et plus beaux jours. L'École dont ils sont, d'ailleurs, cette École du petit sens et non du bon sens, cette École du petit sens qui n'a pas de sens au pluriel, M. Ponsard, après tout, qu'on en institue le chef, ne l'a point fondée ! Cette École, qui eût guéri Baudelaire de son amour pour les chloroses, elle existait avant M. Ponsard. Elle a commencé à tous les ratiocineurs en vers incorrects du Premier Empire, et son bonheur fut de trouver sur son chemin

Casimir Delavigne, poète juste milieu des antichambres d'Orléans, pour s'opposer au Romantisme chevelu, échevelé et écervelé d'alors. Puis elle atteignit Viennet, qu'elle traversa, comme depuis elle atteignit et traversa Ponsard, pour aller mourir, comme à cette heure, sur ce lit de nénufars que l'on appelle le doux Doucet. Magnifique destinée ! Le meilleur repoussoir, selon moi, que puisse avoir l'École Parnassienne, presque belle à voir sur ce fond de l'École du Bon Sens !

Quand il s'agit de M. Doucet, ce Ponsard effacé, si un Ponsard peut s'effacer, à l'instant même je me retourne, et j'offre la main qui les a souvent attaqués, au Parnassien qui la voudra !...

III

Eh bien, c'est un pareil homme, l'entre-deux (puisqu'il a aimé l'entre-deux, je vais lui en donner !), l'entre-deux de Viennet et de M. Doucet, qu'on a coulé en bronze, et c'est pour un pareil homme qu'on s'est permis une fête publique d'apothéose, comme on l'eût fait si la France avait eu un lord Byron et qu'elle l'eût vu mourir... Dans ce pays qui se vante aussi d'être de l'École du Bon Sens, on a perdu tellement la notion de la proportion, qui est une notion de bon sens, qu'on a fait à une médiocrité robuste, à un Campistron réussi, les honneurs que la France du dix-septième siècle a oublié de rendre à Corneille ! Que M. Ponsard eût son buste dans la venelle-aux-bustes de la Comédie-Française, après Collin d'Harleville, Laya, Étienne et toute la file, je ne dirais rien. Il a été de la Maison, et par un temps où le talent s'escompte aux écus qu'il rapporte, il a peut-être rapporté beaucoup d'argent à la Maison. Les maîtresses de maison peuvent outre-passer la politesse ; ce n'est pas de la hiérarchie, mais c'est de l'amabilité.

Mais qu'au lieu du buste dans un Foyer on dresse à M. Ponsard fastueusement une statue sur une place publique (si nous avions un Westminster, on l'y aurait mis !) ; mais que le jour où cette statue est érigée dans sa ville, la Comédie-Française se dérange dans la personne de son Directeur ; mais que la Critique, qui le retrouvera dans ses œuvres, — et nous verrons la statue que là elle lui dressera ! — s'en aille aussi assister respectueusement, le *chapeau dans la main*, à cette apothéose idolâtrique et ridicule, voilà ce qu'il m'est impossible d'admettre et ce que j'ose blâmer au nom des talents méconnus pour qui des honneurs pareils sont une injure, au nom de la dignité des Lettres et de la Critique, dont l'honneur est de toujours rester dans le vrai et de s'inscrire en faux contre toutes les usurpations. Si Alceste, l'homme du bon sens dont on se pique, disait déjà, à son époque :

> D'éloges on regorge, à la tête on les jette,
> Et mon valet de chambre est mis dans la gazette !

Que dirait-il à présent, le noble bonhomme ?... Ce ne sont plus seulement des éloges que l'on jette à la tête des gens, ce sont des statues ! Je sais bien que des statues ne changeront guère le jugement de la postérité. Je sais bien que les œuvres seront là pour protester contre les statues. Il y a plus même : aux yeux des gens d'esprit, c'est une espèce de lapidation pour la médiocrité qui n'en est pas digne, que ces pavés des ours contemporains sculptés en statues ! La médiocrité qui avait son honnête petite renommée à ras de terre, comme il convenait, est écrasée et rentre dans le sol sous cet entassement de marbre et de bronze. Mais c'est égal, même pour tuer des sots, ce serait encore trop cher !

IV

Après cela, que voulez-vous que je vous dise de *Fernandinette,* cette parodie, sans esprit, de la *Fernande* de M. Sardou ?... J'ai eu mieux à raconter, comme vous voyez. En rendant compte de la cérémonie de Vienne et de cette étrange manie d'élever des statues au premier venu, — qui, si on est juste et si on en érige une en France à tous ceux qui, par le talent, valent bien M. Ponsard, devra, dans un temps donné, élever le nombre des sculpteurs jusqu'au nombre des pédicures, — ne vous ai-je pas dit la meilleure des parodies de la semaine et de toutes les semaines ? Certainement, la voilà !

LE LÉGATAIRE UNIVERSEL

L'HÉRITAGE DE M. PLUMET

Lundi, 30 mai 1870.

I

Les Théâtres meurent, comme les derniers flots sur la grève avant le reflux. Encore quelques jours, et les *Relâches* d'été vont se multiplier, et les acteurs vont s'envoler, par troupes, vers la province, pour y faire leur tour de chaque année. On nous promet, aux Français, *Maurice de Saxe* pour la semaine prochaine ; mais cette semaine-ci, nous n'avons pas eu une première représentation dont nous puissions nous féliciter ou nous plaindre. Ils ont, aux Français (c'est la saison), fait débuter des jeunes gens (Charpentier et Laroche) dans des rôles terribles, sous lesquels ils devaient rester, accablés, — pris comme sous des trappes !... On a osé donner, par exemple, à Laroche, le rôle de Néron, — qui faisait trembler le génie mûri de Talma !

  Mon génie étonné tremble devant le sien,

comme on a aussi donné, cet hiver, à cette petite mine de souris de Mlle Croisette, le rôle immense de Célimène, vide et veuf de Mlle Mars ! Célimène et Néron, les rôles les plus difficiles qu'il y ait à jouer au Théâtre : l'un en dehors, l'autre en dedans; car Néron (dans *Britannicus*), ce n'est encore que le monstre à l'état d'enveloppement, ce n'est encore que le grêle miaulement du petit tigre vagissant, qui, plus tard, éventrera sa mère, mais qui, de peur, rentre encore ses ongles devant elle. — Laroche, qui a les jambes de Néron, mais qui n'en a pas les bras, Laroche, distingué, mais un peu pointu dans son manteau impérial, crie un rôle qu'il faut parler, au contraire, dans les cordes basses de la voix; car il n'y a que l'impuissance qui crie. La puissance, et surtout la puissance du maître absolu de l'univers romain, n'a pas besoin de crier...

II

Ce soir-là, pour nous dédommager de ce Racine débagoulé comme un Alexandre Dumas, le Théâtre-Français nous a donné, joué par Got et Talbot, le *Légataire universel* de Regnard. Cette pièce, ravissante et folle de gaieté, a fini par entraîner les acteurs, qui avaient commencé par la jouer froidement et correctement comme les docteurs du Théâtre-Français, mais qui, enfin, n'ont pu y tenir, et n'ont plus résisté à la folie, car c'en est une véritable, des situations. Tous ont partagé cette ivresse. A partir de l'entrée en scène du gentilhomme campagnard :

Mais feu monsieur mon père, Alexandre Choupille, etc.

jusqu'au dernier vers de la pièce, Got, qui jouait Crispin, a enlevé avec ses bras... quoiqu'ils soient trop courts, son rôle et le public, au bout! Dans la veuve du Mans, — ce Malabar ou les veuves désolées ne se brûlent pas, — il a été d'un comique très différent de celui qu'il avait montré dans le rôle du gentilhomme campagnard qu'il venait de jouer, et là, comme, plus tard, dans le rôle de Géronte, où il a volé la voix et la physionomie de Talbot comme il vole le testament qu'il dicte, il a perdu, avec une admirable souplesse, pour la retrouver entre-temps, sa double identité de Crispin et de Got. Dans cette impayable veuve du Mans, Got fait retrouver le Crispin à la façon dont il relève sa longue robe avec sa botte de Crispin, et ce diable de rond de jambe a été, comme la pièce elle-même, tout un chef-d'œuvre d'indécence, d'impertinence et d'impudence.

La pièce, en effet, est tout cela. Il faut en convenir, elle est du cynisme le plus osé. Le sujet, que tout le monde connaît, est d'une immoralité profonde. Il s'agit d'un faux, digne des galères... peut-être pas maintenant... mais autrefois ! Il s'agit d'un testament dicté par un valet au profit de son maître, pendant la léthargie d'un oncle, qu'on croit mort, mais qui ressuscite et à qui on finit par faire croire qu'il a dicté lui-même le testament. En comédie, rien de plus carabiné. Certes ! il fallait un génie comme celui de Regnard pour sauver cette odieuse coquinerie et la noyer dans des flots de gaieté et de vers si charmants, qu'on oublie que c'est une coquinerie. *J'ai ri, me voilà désarmé !* Et on rit ! Le sérieux Molière aurait, lui, jeté son comique amer dans ce sujet, dont il n'aurait peut-être pas eu l'audace, tout Molière qu'il fût. Mais Regnard l'a couvert de la double mousse d'une imagination et d'une verve si écumantes, qu'on ne trouve pas qu'il ait été trop hardi. On se dit qu'en vérité ce serait dommage que des coquins si amusants n'existassent pas, et d'ailleurs le danger auquel ils nous exposent n'est pas bien grand... Ils sont si spirituels qu'ils paraissent impossibles.

A coup sûr, Regnard est le seul homme dans la littérature française qui, dans un tel sujet de comédie, pouvait éviter le *sinistre* et le rire noir du drame, que nous connaissons trop maintenant... Le Crispin faussaire, le Crispin testateur est l'aïeul des Mercadet et des Macaire de notre âge, mais combien ils ont dégénéré, ceux-là, de la gaieté de leur grand-père! Je l'ai dit, ni le grand Molière, dont le Scapin touche au tragique, ni Voltaire, ni Beaumarchais lui-même, n'auraient eu cette pureté de pétillement dans la verve, cette gaieté *innocentante*, à force d'être de la gaieté, s'ils avaient pensé au légataire qu'a inventé Regnard, l'esprit français le plus mousseux, le plus jaillissant, le plus sautant au plafond, qu'il ne tache jamais, — et le second qui puisse être immoral sans nous faire horreur; car le premier qui ait eu cette magie, c'est La Fontaine !!

III

Voulez-vous juger de cette qualité dans Regnard?... Allez au *Légataire universel* comme je l'ai fait cette semaine, et allez le lendemain, comme je l'ai fait encore, à l'*Héritage de M. Plumet*, qu'ils viennent de reprendre au Vaudeville, et vous saurez alors ce que c'est que ce don divin de la gaieté, qui n'est pas le comique, oh! non! mais qui couronne le comique, comme la mousse couronne le vin dont elle est le diadème. Vous saurez alors la différence qu'il y a entre un esprit gai et un esprit morose, même dans l'ordre de la comédie. Certainement, la pièce de M. Barrière n'est pas exactement le même sujet que le *Légataire universel*, mais certainement aussi, il l'avoisine... Il y est aussi question de testament, d'héritiers et de toutes les convoitises hypocrites de gens avides, pour qui, entre l'honnêteté et la coquinerie, il n'y a guère que l'épaisseur d'une pièce de cent sous.

Eh bien, les coquins de M. Barrière, quoique beaucoup moins coquins que le Crispin qui fait des testaments, sont tristes quand ils ne sont pas communs, tandis que les coquins de Regnard sont originaux et supérieurs, et si joyeux qu'on en ferait presque ses compagnons... pour *une heure ou deux!* comme la torture... La bassesse des sentiments chez les héritiers de M. Barrière nous saute au nez comme une puanteur, et nous ne nous apercevons de celle des légataires de Regnard qu'à la réflexion, et quand le rire ne flambe plus sur nos lèvres! Monsieur Plumet n'est point, il est vrai, même un homme imbécile, quoique l'imbécillité humaine donne des produits bien étonnants. L'imbécile est faiblement organisé, mais enfin c'est quelque chose encore d'organisé. Mais M. Plumet n'est qu'une marionnette qu'on a cassée, en la faisant; c'est un moulin à vent comme ceux-là que les enfants font tourner d'un souffle. Il n'y a jamais eu de Plumet, si plumet qu'il fût, qui ait tremblé comme cela au moindre vent, passant sur la tête d'un pauvre homme! Et il y a plus : il est même impossible qu'une pareille girouette ait pu gagner, comme il le dit, quarante mille livres de rente ; car pour les gagner, il faut au moins vouloir la même chose pendant plus d'une heure... Seulement, le Géronte de Regnard, de son côté aussi, est bien cacochyme, et la maladie qui l'affaiblit et lui fait prendre toutes les vessies de Crispin pour des lanternes, la maladie équivaut presque en lui à la bêtise native en Plumet.

Et cependant Géronte nous intéresse, et nous divertit, et nous illusionne, et Plumet nous dégoûte et nous paraît bête comme il n'y a pas de bêtes, et pourtant, Dieu, qui les a faites, en sait la variété! Telle la différence entre le *Légataire universel* et l'*Héritage de M. Plumet*, — et je ne parle ici que du fond seul et de l'inspiration de ces deux comédies. Je ne parle pas de l'emportement des situations dans le *Légataire*. Je ne parle pas de la langue de l'une et de l'autre de ces pièces, — de la prose de M. Barrière, qu'on m'avait dite mordante, et qui ne fait ni coup de dent, ni trou, une seule fois, dans l'*Héritage de M. Plumet*, et que je ne compare point aux vers adorables de Regnard, qui trousse le vers comme pas un, au Théâtre, et qui le retrousse! Non! je ne veux parler que du sentiment qui court et circule dans ces deux pièces, dont l'une nous sert à juger l'autre, et même à éteindre l'autre.

Le *Légataire universel*, c'est un éteignoir mis sur l'*Héritage de M. Plumet*, et qui lui aplatit la mèche au point qu'il est impossible de la rallumer!

P.-S. Puisque j'ai vanté la gaieté de Regnard, aujourd'hui, comme une des choses les plus rares et les plus charmantes qu'il y ait en notre littérature dramatique, pourquoi le Théâtre-Français s'est-il permis de supprimer la scène de M. Clistorel, si *rabelaisement* comique ? Et cela sur la Scène où l'on joue encore M. de Pourceaugnac !...

L'Hérodiade ne demandait que la tête de saint Jean. La Bégueulerie, — j'aime mieux l'autre ! — qui est une Hérodiade aussi, a donc exigé celle du petit M. Clistorel ?... Et ce n'est pas seulement la tête qu'il lui a fallu. Elle a pris tout, — l'homme et ses antipodes !

L'ANNIVERSAIRE

DE

CORNEILLE

POLYEUCTE — LE PAYS DES AMES
LE MENTEUR

Dimanche, 12 juin 1870.

I

Sans la fête de Corneille, célébrée, cette semaine, au Théâtre-Français, le rôt manquerait, en fait de feuilleton. Pauvre rôt, du reste, malgré le génie de Corneille! *Toujours des perdrix, monseigneur!* Y a-t-il encore un aperçu qu'on puisse faire jaillir de ce génie connu, admiré, immortel de trois siècles déjà, et qui va continuer son immortalité comme si de rien n'était avec ses trois siècles, et forcer nos descendants à répéter nos admirations, comme des formules d'apothicaire?...

La fête de Corneille, inutile d'ailleurs, est ennuyeuse comme toutes les fêtes officielles et anniversaires. Elle a la froideur d'une convenance et toute la bêtise du *convenu*... Elle est aussi ennuyeuse que toutes les fêtes où l'on vient réciter comme une leçon, qui tourne au pensum, toujours les mêmes choses sur le même Monsieur. Or, quand le Monsieur est un aussi grand Monsieur que Corneille, il peut s'en passer. Excepté peut-être quelques chansons charmantes, filles de l'intimité et surtout de l'imprévu, et que l'on compte, encore, tant le nombre en est petit ! dans le recueil des chansons françaises, — cette gloire délicieuse et *finie* de la France ! — les fêtes de famille (car ils disent, en parlant de la fête de Corneille, au Théâtre-Français : une *fête de famille;* ils ne sont pas dégoûtés, ces comédiens !), les fêtes de famille ne produisent ordinairement que des choses mortellement vulgaires, et elles ne *peuvent* pas produire mieux. C'est fatal. Ce n'est la faute de personne. C'est la faute des choses elles-mêmes. L'esprit se venge de son indépendance violée. Ah ! vous croyez qu'il n'y a qu'à siffler pour le faire venir à la minute, comme un domestique et comme un chien ? Vous croyez que vous le ferez valeter, et quand il vous plaira ?... Pièces de théâtre, anniversaires, discours d'Académie, discours d'Ouverture, discours aux

Princes, Oraisons funèbres, allons! mettez tout cela dans le même paquet, et jetez-le où vous voudrez! Et que le crochet du chiffonnier le ramasse! Mais je jure que ce ne sera pas moi.

II

Il est vrai que dans cette *fête de famille* d'un homme sans famille, comme tous les gens de génie, — descendraient-ils des Montmorency, — c'est Corneille, le fêté, qui a fait les frais de la fête qu'on lui donnait. On a joué *Polyeucte* et le *Menteur.* Je me suis, ce soir-là, par respect pour Corneille, privé de *Polyeucte. Polyeucte*, sans Mlle Rachel et sans Beauvalet, — qui, le croira-t-on quoique ce soit vrai? y était beaucoup plus beau que Mlle Rachel, — n'a présentement plus d'interprète, et par admiration pour Corneille, que je fête aussi à ma manière, je me l'interdis. Les jeunes débutants qui ont joué l'autre jour dans *Britannicus* avec un cahin-caha d'inexpérience et de bonne volonté qui ne suffisait vraiment pas au génie de Racine, ne sont évidemment pas de force à lutter contre les difficultés de la pièce de Corneille, la plus difficile à interpréter et la plus incompréhensible à la foule. Pour enlever ces portes de Gaza, il faudrait un dos de Samson, et ils n'ont que le leur... pour le moment, faible échine ! Je me suis donc épargné cette cruelle dissonance entre ce qui est grand et ce qui est médiocre, entre celui qui dit et Celui-là qui a pensé... Je ne suis arrivé au Théâtre-Français qu'à l'instant où le rideau se levait sur le *Pays des Ames*.

Le *Pays des Ames*, c'est la chose en l'honneur de Corneille. C'est la chanson de la fête du jour, mélancolique, cette fois, comme une romance. M. Ratisbonne, cette année, a pris cette charge de louer officiellement le grand homme qui a usé toutes les limes de l'admiration comme on use celle de l'envie... Rude besogne, sous laquelle tant de gens restent communs et rabâchent ! Lui, du moins, n'a pas été commun et n'a pas rabâché. Certainement, je ne le louerai point d'une chose que je crois impossible. Mais il a gardé la distinction de sa nature qui est poétique, dans une entreprise où l'esprit le plus fier et le plus éclatant périrait, morfondu. M. Louis Ratisbonne, esprit gracieux, a pour moi autour de la tête la plus charmante des auréoles, un rayon du cœur d'Alfred de Vigny, et cela me le consacre à jamais. Les amis de nos amis sont nos amis. C'est si fascinant pour moi, ce rayon, que je ne ferai jamais de critique sur M. Ratisbonne; je ne le pourrais pas. Avec lui, je ne me sentirais point dans le cœur ce quelque chose de froid qui s'appelle : la force d'être juste... Et cependant (vous êtes prévenus !), je vais vous raconter son *Pays des Ames*, dont le mérite, pour moi, au milieu des choses vulgaires versées à tas, depuis des siècles, sur Corneille, est de paraître nouveau et distingué.

III

Le *Pays des Ames* est une allégorie. La scène représente, je crois, quelque chose comme un corridor de l'Enfer, tiède peut-être du voisinage, mais où l'on ne brûle pas encore assez pour ne pas faire la conversation, *entre âmes*... Il y en a là quelques-unes. Ces Ames, à cagoules de gaze, — pour mieux représenter, sans doute, l'*impondérabilité* de ces esprits, qui ont (nonobstant) leur uniforme et même leurs décorations sous la gaze de leurs cagoules, — ces Ames sont toutes amoureuses de la vie perdue et poussent vers la terre des clameurs suraiguës de regret. Une seule dit : « Il n'y a pas de quoi crier ! » mais celle-là est une pauvre diablesse d'Ame qui a été un pauvre diable toute sa vie. Or, quand je dis : « seule », je me trompe ; il y en a deux. Celle d'un jeune homme qui, lui aussi, ne regrette pas plus la vie que le pauvre diable, et auquel le pauvre diable, très étonné d'avoir un pendant, demande pourquoi il ne pousse pas le vil cri des autres?... Et l'explication de cela, c'est que le jeune homme est mort pour *la patrie* et pour *la liberté*...

Alors, vous vous en doutez bien ! alors les vers héroïques, les vers qui voudraient bien être cornéliens, — et qui ont bien raison de le vouloir ! — sortent de la bouche du jeune homme, et de sa poche un exemplaire de Corneille, aussi, qui lui a appris à versifier comme cela.

J'avoue que cet exemplaire de Corneille, imprimé et cartonné et sortant d'une poche, d'une vraie poche d'un habit en drap, m'a un peu étonné dans ce *Pays des Ames*. Il m'a étonné comme l'uniforme très correct du jeune militaire trépassé, et comme sa décoration, qui n'est pas vaporeuse du tout sur son corps très solide. Mais, enfin, je ne suis jamais allé pour mon compte au *Pays des Ames*, et les choses peut-être s'y passent ainsi... Seulement, si je ne chicane aucun détail de l'encadrure que M. Ratisbonne donne à son Apothéose de Corneille, je me permettrai de lui faire une observation à l'honneur du grand homme, qui, s'il existait à cette heure, ne ferait point, lui, les ignobles courbettes qu'on fait partout pour qu'on vous mette dans votre sébile deux sous de popularité !

Corneille est le poète de l'Empire, de la Monarchie, de l'Autorité, du Pouvoir un et fort, et quand, d'aventure, il a chanté la République, c'est la République unitaire, celle qui tient, dans sa main impérieuse et toujours sur le point de devenir impériale, le bâton dictatorial du Commandement. S'il y a un génie fier et dominateur, un génie qui comprenne les Maîtres du monde ou ceux qui sont faits pour le devenir, c'est le grand Corneille, dont l'Empereur Napoléon disait : « S'il vivait, j'en ferais mon premier ministre », et il n'entendait pas, ce Napoléon-là ! un ministre constitutionnel. Eh bien, ce grand côté du Grand Corneille, qui est le plus grand côté de son génie, ce n'est pas celui-là que M. Ratisbonne a mis en relief ; c'est l'autre, le petit côté de la liberté, que Corneille n'avait que quand il confondait la liberté avec l'amour de la patrie... M. Ratisbonne a voilé le côté le plus grand de Corneille, son côté impérial, et c'est le côté de la liberté, — de la liberté vague dont ce pays d'anarchiques crétins est littéralement fou, qu'il a exploité. Ses vers, redondants de liberté, y sont des traquenards à la bêtise du public, — des souricières d'applaudissements dont ce mot benêt de liberté est le fromage...

Certes! le grand Corneille n'eût pas voulu d'applaudissements à ce misérable prix, et il eût décliné la fête que M. Ratisbonne a cru lui donner.

IV

Le meilleur de cette soirée a été le *Menteur*, non la plus belle, assurément, mais la plus étonnante des pièces de Corneille, comme les *Plaideurs* sont la plus étonnante des pièces de Racine. Ces deux chefs-d'œuvre d'expression comique prouvent, par eux-mêmes, bien plus que par tout ce qu'on pourrait ajouter, que Corneille et Racine étaient, au fond, organisés comme Shakespeare, et qu'ayant la faculté du comique dans l'esprit au même degré que la faculté du tragique, ils pouvaient faire des *drames* comme lui sans la tyrannie des idées de leur temps, sans cet odieux système, imputé faussement à Aristote, qui coupait l'âme humaine en deux, et ne lui permettait pas, au Théâtre, de rapprocher ses deux moitiés et de s'y montrer dans cette intégralité superbe qui fait la gloire du grand poète anglais...

Le *Menteur* de Corneille n'a guère été, comme les *Plaideurs* de Racine, que l'éclair d'un génie comique étouffé, mais l'éclair a prouvé qu'il y avait en eux la flamme, cette source de tous les éclairs! C'est l'École, les pédants, les théories, le *bienfait de l'éducation*, comme disent les sots, qui ont empêché Racine et Corneille, au dix-septième siècle, d'avoir la virtualité d'un Ignorant que les mêmes pédants et les mêmes sots ont depuis et longtemps traité de Barbare. Le *Menteur* de Corneille n'a, certes! pas la gaieté à fond de train de ce menteur et de ce *rascal* de *Falstaff*. L'habitude tragique a mis ses plis droits et raides dans la comédie de Corneille. Ce type du Menteur, romancier sur place, chez qui le mensonge n'est qu'un afflux d'imagination qui déborde; ce type d'une si grande richesse, d'une si grande opulence de comique, s'est amaigri et appauvri sous la main dure du classique Corneille. Il ne l'a développé ni épanoui jusqu'au point où il aurait dû l'être. On s'attend à chaque minute, en effet, que le Menteur va se croire et se prendre à ses propres mensonges, comme s'il était un de ceux mêmes auxquels il ment, ce qui eût été un vrai filon d'or vierge, en fait de comique, à exploiter.

Malheureusement, Corneille s'est arrêté avant cela. Mais son *Menteur*, tel qu'il est, n'en a pas moins cette gaieté pour laquelle je glorifiais à cette place Regnard l'autre jour, et qui, jetée sur le vice, en couvre l'odieux et surtout la tristesse... Sans la scène du père à son fils, où retentit un peu trop la palabre espagnole de l'auteur du Cid, il n'y aurait qu'à rire de ce Menteur qui trouve si à point une histoire nouvelle pour se tirer de tous les embarras de sa vie et même de ses mensonges. J'ai ouï dire que Delaunay s'ajustait très bien à ce rôle-là, qui tient presque toujours la scène pendant toute la pièce, et nous n'avons eu que Leroux, qui a de la finesse dans le jeu, mais dont la voix est presque sans timbre,— la voix, plus nécessaire que dans tout autre rôle dans ce rôle vibrant du Menteur, qui doit faire retentir sur tous les tons ses *craques* sublimes! Got a joué avec un visage merveilleux d'intelligence le rôle du valet, de ce pauvre et honnête valet, toujours surpris... et presque pris aux mensonges de son maître, et aussi toujours détrompé!... Il faut tout le talent de Got pour empêcher ce rôle à *recommencements éternels* de tomber dans la monotonie. Mais Got sauverait le diable, au Théâtre.

N'a-t-il pas, l'autre jour, dans *Maurice de Saxe*, sauvé une pièce qui ne le valait pas ?...

LE PASSEUR DU LOUVRE

Dimanche, 19 juin 1870.

I

Le *Passeur du Louvre*, voilà donc tout le gibier de cette semaine! Misérable gibier de potence, très digne d'être accroché, haut et court, aux fourches patibulaires de tous les feuilletons. Assurément, ce n'est pas un crime que de n'avoir point de talent; mais c'en est un, qui mérite punition, que de toucher à l'Histoire avec ces mains sans talent et surtout sans conscience! Les auteurs du *Passeur du Louvre* (ils sont deux, les malheureux! ils se sont mis deux pour faire une pareille chose!) ne sont pas assez ignorants — quoiqu'ils le soient probablement beaucoup! — pour ne pas savoir qu'en 1572 les choses ne se passaient pas tout à fait comme ils les ont représentées dans leur drame. Évidemment, il y a là plus que de l'ignorance. Il y a mensonge, parti pris, gueuserie d'applaudissements, légèreté et impudence de gens qui se soucient de la vérité comme d'un zest de citron, et qui s'imaginent que l'Histoire n'est que de la *chair à pâté* de mélodrame, faite tout exprès pour engraisser les oies du parterre de M. Billion !

Ces oies, qui ont un goût pour de certaines pâtées, ont avalé celle-ci avec les trépidations de la bêtise gourmande et heureuse. Elles ont battu... des pattes ! Elles ont crié comme dans un marais ! Elles ont même chanté le chant d'oies, qui se croient Capitolines : *Mourir pour la patrie !* de M. Alexandre Dumas, exaltées qu'elles étaient par cet encanaillement de l'Histoire de France, mise à leur portée ! Elles ont trouvé que ce Charles IX, qui se laisse insulter par un polisson du quai de la Ferraille, une heure durant, sans avoir le moindre garde auprès de sa personne pour mettre sa botte quelque part dans ce drôle, était un Roi qui leur allait ! Un Roi comme il leur en faudrait un, pour pouvoir l'insulter sans danger ! Elles ont trouvé que ce cri de : « Vive le Roi ! » n'était quelque chose — même en 1572 — que quand il voulait dire : « Liberté ! » Elles ont trouvé que Marie Touchet, qui dit : « mon cher Roi Charles IX ! » du Roi de France, comme une cuisinière dirait : « mon cher sergent du premier bataillon ! » à son pompier, était d'une ressemblance déliciense et frappante et *Cour de France* au possible! Enfin, elles ont trouvé que la Saint-Barthélemy, ce terrible massacre de la Saint-Barthélemy, n'a été arrêté dans le cœur paternel de Charles IX que pour sauver la vie à son marmot de bâtard adultérin! Motif attendrissant, qui réhabilite un peu ce scélérat, ce monstre de Charles IX, et qui a mis des larmes dans les gros yeux des grosses bouchères enrichies que j'avais autour de moi.

Désormais, pour elles, il ne sera plus que « le petit père Charles IX! »

II

On le déguisera donc toujours, ce Roi calomnié, le moins mauvais de tous ces Valois qui ne *valaient* rien, et qui — parce qu'il était le moins mauvais — a payé pour les autres, selon cette loi mystérieuse de l'expiation qui régit les choses de ce monde. On lui a imputé à crime cette Saint-Barthélemy qu'il n'a pas faite, cette Saint-Barthélemy inévitable et nécessaire, et que les catholiques firent une *nuit* contre les protestants, parce que le *lendemain*, s'ils ne l'avaient pas faite, les protestants allaient en faire une contre eux ! La Saint-Barthélemy, qui, par parenthèse, attend toujours son historien, fut un fait de guerre bien plus qu'un fait de politique...

A la guerre, on s'embusque pour écraser l'ennemi ; on tombe *de nuit* sur le camp de l'ennemi pour le tailler en pièces ; et, par toute terre, dans tout pays et en toute langue, cela s'appelle une surprise et non une perfidie. Il n'y a rien là de déshonorant.

Le déshonorant, c'est la guerre elle-même si elle est injuste ou impie, et la responsabilité de la guerre est bien à ceux qui la commencent. Or, ceux-là qui, en France, la commencèrent, furent les protestants. La France, en effet, catholique depuis des siècles, n'avait pas de raison pour se faire la guerre à elle-même. Il fallait que le Protestantisme la rompît en deux, pour que des deux côtés on lui arrachât *ses* entrailles. Le mérite de Charles IX, de ce voluptueux sombre, mais de ce voluptueux comme tous ceux de sa race, qui faisait des vers, sonnait de la trompe et aima Marie Touchet, fut de vouloir conduire et diriger ce mouvement terrible, qui eût cassé un poignet plus fort que le sien... Charles IX, dans la plus indomptable circonstance, n'oublia pas, du moins, comme tant d'autres, qu'il était Roi, mais comme l'Histoire a tourné furieusement contre les Rois en ces temps où le monde croit pouvoir très bien se passer d'eux, l'Histoire, écrite par ceux qui n'en veulent plus, l'a frappé dans sa qualité même et l'a trouvé trop Roi, elle qui pourtant appelle encore les Mérovingiens des Fainéants !

Et, pour sa peine, on a roulé Charles IX dans le sang qu'il n'a pas fait couler. On lui a fait allumer la bombe que le Protestantisme avait chargée et déposée en pleine France pour qu'elle y éclatât d'elle-même, comme elle y a éclaté ! Chénier, qui n'était pas un sot pourtant, l'a représenté, dans une tragédie aussi menteuse que le *Passeur du Louvre*, mais d'un mensonge moins bouffon, faisant bénir des poignards pour les égorgeurs par le Cardinal de Lorraine, un des plus glorieux prêtres qu'ait eus la France ! Mirabeau l'a vu, lui ! tirant de sa fenêtre sur son peuple, et pour qu'on le crût mieux, il montrait aux imbéciles qu'il soulevait avec ses paroles, la fenêtre qu'il ne voyait même pas !... D'autres l'ont peint, à l'heure de la mort, suant du sang (le sang qu'il avait bu) par tous les pores, comme Sylla avait sué des poux, et ils vont vous chercher le matelas où la chose s'est passée, comme Mirabeau montrait sa fenêtre ! Et voilà !... Et qui sait ? qui sait combien de temps ira encore cette mascarade historique? plus mascarade que jamais, plus descente de la Courtille que jamais, sous la plume grotesquement sentimentale et romanesque des auteurs du *Passeur du Louvre*, qui ont fait de Charles IX un Hérode renversé, — bout pour bout, — un jeune père Goriot qui n'a qu'un enfant, et illégitime ! auquel il sacrifie tout un peuple. Il est vrai que c'est un garçon !

Et c'est ainsi que ça continue, et que Ponson du Terrail lui-même, le fils d'Alexandre Dumas père, est vaincu !

III

On s'en veut presque de parler sérieusement de ces calembredaines... Mais songez aux pauvres benêts, à muscles pourtant et peut-être à âmes ardentes, devant lesquels vous déballez ces paquets d'erreurs et de sottises qu'ils avalent, comme les Chinois l'opium, et qui, comme l'opium, dans un temps donné, pourraient très bien les rendre féroces... Le libéralisme du temps ne comprend plus la nécessité d'une Critique dramatique, mais si vous ôtez celle-là à vos amusettes, ayez du moins, quand il s'agira de Théâtres spécialement consacrés au peuple, une censure *historique* qui empêche qu'on ne viole trop salement l'Histoire, l'Histoire qui est l'honneur ou l'infamie de nos pères, l'Histoire dont nous sommes tous faits !

En attendant que l'*instruction obligatoire* ait fait de nous tout un peuple de mandarins, — auquel cas on pourra, sans inconvénient, batifoler avec l'Histoire et lui envoyer de ces boulettes que Danton envoyait, d'une chiquenaude, au nez du président qui le jugeait, — je ne crois pas qu'il soit irrespectueux pour le Seigneur Peuple de demander une sentinelle historique qui empêche le massacre de l'Histoire qu'on veut qu'il apprenne et qu'il sache !... Si nous l'avions eue, certainement le *Passeur du Louvre* n'eût pas passé. Son bachot eût été enfoncé du coup... Et nous n'aurions pas été obligé de parler d'une pièce honteuse pour qui l'a faite, honteuse pour qui la joue, honteuse pour ceux qui la regardent et l'écoutent, et dont la moitié (de ceux-ci), à la première représentation, s'en est allée avant la fin !

P.-S. Au moment où nous terminons cet article, on joue *Michel Pauper* à la Porte-Saint-Martin. M. Becque, ayant pris pour quelques jours la Direction à son compte, nous lui signalons que ses domestiques ne nous ont pas *fait le service*.

Nonobstant, si la chose est viable, nous en parlerons samedi prochain.

TABLE

—

	Pages.
Julie. — Le Post-scriptum	1
Le Filleul de Pompignac.	15
Le Moulin rouge. — Poterie.	29
La Parvenue.	40
Mademoiselle Karoly.	47
Le Bâtard.	55
La Fièvre du jour. — Scapin marié.	63
La Vie de château. — Froufrou.	79
Les Turcs. — Le Feu au couvent. Les Femmes terribles.	89
Paris-Revue.	101
L'Auberge des Adrets	111
Le plus heureux des trois.	125
Les Ouvriers. — L'Affranchi de Pompée.	139
La Chasse au bonheur. — Jacques Cernol. — Les Curiosités de Jeanne.	155
Lucrèce Borgia. — La Charmeuse.	169

TABLE.

	Pages.
Malheur aux vaincus. — Frédérick Lemaître. — La Rue des Marmousets. — Les Pattes de mouche. — Une femme est comme votre ombre. — 'Le Cachemire X. B. T. — Le Misantrophe : Mlle Croisette.	185
L'Autre	197
Fernande	211
Gilbert d'Anglars	225
Une histoire d'hier. — Les Cosaques	233
Dalila. — Le Ver rongeur	245
L'Œil crevé — L'Oncle Margotin	263
Les Fats	271
Mathilde	283
La Révolte	297
Flava. — La Boule de neige	305
Le Lion amoureux (Fête Ponsard). — Fernandinette	313
Le Légataire universel. — L'Héritage de M. Plumet	327
L'Anniversaire de Corneille. — Polyeucte. — Le Pays des âmes. — Le Menteur	337
Le Passeur du Louvre	347

MAISON QUANTIN

COMPAGNIE GÉNÉRALE D'IMPRESSION ET D'ÉDITION

7, rue Saint-Benoit, Paris.

OUVRAGES

DE

J. BARBEY D'AUREVILLY

XIXe SIÈCLE

LES ŒUVRES ET LES HOMMES

PREMIÈRE SÉRIE

LES JUGES JUGÉS.
LES SENSATIONS D'ART.
LES SENSATIONS D'HISTOIRE.

DEUXIÈME SÉRIE

LES PHILOSOPHES ET LES ÉCRIVAINS RELIGIEUX.
LES HISTORIENS.

Chaque volume in-8° carré, broché. . . . . 7 fr. 50

LE

THÉATRE CONTEMPORAIN

TOME I et TOME II

Le volume in-18, broché. . . . . 3 fr. 50

Paris. — Maison Quantin, 7, rue Saint-Benoît

www.ingramcontent.com/pod-product-compliance
Lightning Source LLC
Chambersburg PA
CBHW070851170426
43202CB00012B/2033